METROPOLITAN

Power Words

In der gleichen Reihe erschienen:

Dale Carnegie Management: Durch Menschenführung zum Erfolg
ISBN 3-89623-182-0

Erkennen Sie Ihre Berufung
ISBN 3-89623-174-X

Professional Politeness
ISBN 3-89623-183-9

Mit Liebe, Lust und Leidenschaft zum Erfolg
ISBN 3-89623-187-1

Verkaufen ist wie Liebe
ISBN 3-89623-222-3

Das Enkelmann-Seminar Power-Training
ISBN 3-89623-173-1

Fröhlich führen
ISBN 3-89623-201-0

High Performance Selling für Hightech-Produkte
ISBN 3-89623-199-5

Frühwarnsystem Balanced Scorecard
ISBN 3-89623-197-9

E-Mail: metropolitan@walhalla.de
http://www.metropolitan.de

Metropolitan Verlag, Uhlandstraße 44, 40237 Düsseldorf,
Telefon: 02 11 / 6 80 42 11, Telefax: 02 11 / 6 80 20 82

GLORIA M. GOLDINI

Power Words

DIE POSITIVEN KRAFTFELDER DER SPRACHE NUTZEN

ERFOLGREICHER KOMMUNIZIEREN UND VERHANDELN

Power Words

Metropolitan Verlag

Die Deutsche Bibliothek – CIP-Einheitsaufnahme

Goldini, Gloria M.: Power Words : die positiven
Kraftfelder der Sprache nutzen ; erfolgreicher
kommunizieren und verhandeln / Gloria M. Goldini. –
Düsseldorf ; Berlin : Metropolitan-Verl., 2000
(Power-Training)
ISBN 3-89623-202-9 (Metropolitan-Verl.)
ISBN 3-8029-0202-5 (Walhalla-Fachverl.)

Zitiervorschlag:
Gloria M. Goldini, Power Words
Düsseldorf, Berlin 2000

Umschlaggestaltung: Gruber & König, Augsburg
Druck und Bindung: Westermann Druck Zwickau GmbH
Printed in Germany
ISBN 3-89623-202-9 (Metropolitan Verlag)
ISBN 3-8029-0202-5 (Walhalla Fachverlag)

Schnellübersicht

Von der automatisierten zur persönlichen Sprache 7

1 Lebendige Kommunikation . . . 9

2 Anregungen aus der Antike . . . 33

3 Kommunikation und Macht . . . 69

4 Konditionierung zum Gehorsam 89

5 Auf der Suche nach der Seele im Unternehmen 103

6 Jenseits von „Money Culture" 115

7 Jenseits der kommunikativen Tradition 139

8 Wertvolle Kommunikation 155

Schnellübersicht

9 Drei Verhaltenstypen 163

10 Erfolgreiche Kommunikation 179

11 Souverän verhandeln 197

12 Überzeugende Kommunikation 205

Literatur- und Quellenhinweise 217

Stichwortverzeichnis 219

Vorwort

Von der automatisierten zur persönlichen Sprache

Worte – einer der Schlüssel zur Kommunikation; Kommunikation – einer der entscheidenden Wege zum Erfolg. Dies weiß jeder, doch die meisten Führungskräfte wenden diese Erkenntnisse nicht bewusst an. Das Buch „Power Words" versucht unter mehr perspektivischen Gesichtspunkten, die Denkweisen, die die gegenwärtige Art unserer Kommunikation geprägt haben, zu erklären. Die Exkurse in die philosophisch-geschichtliche Vergangenheit dienen dazu, den Weg, der zu unserer heutigen kommunikativen Ausrichtung geführt hat, nachvollziehbar zu machen. Erst wenn wir uns von unseren Konditionierungen befreien, ist unabhängiges Denken möglich.

Kommunikation ist seit zweitausend Jahren als Machtmittel angewandt worden: Ist unser Denken wirklich unser Denken, oder haben wir uns unbewusst manipulieren lassen? Unsere Denkweise bestimmt unsere Sichtweise, die wiederum bestimmt die Art unserer Kommunikation. Die persönliche Sprache ist Ausdruck unserer Individualität. Eine Steigerung unserer kommunikativen Fähigkeiten setzt eine Änderung unseres Charakters voraus. Dabei ist die Entwicklung eines Wertebewusstseins jenseits ideologischer Prägungen von zentraler Bedeutung.

In einem Zeitalter, in dem das Taylorsystem mit seiner systematischen Aufteilung der Arbeitsvorgänge seine Wirksamkeit eingebüßt hat, geht es nicht mehr nur um eine weitere Spezialisierung der Mitarbeiter in ihren jeweiligen Fachbereichen, sondern darum, trotz aller Sachkompetenz einen Gesamtüberblick über den Betriebsablauf zu erlangen. Dies bedeutet, dass Mitarbeiter die Fähigkeit erwerben müssen, in immer größer werdenden Kompetenzbereichen eigenverantwortlich zu kommunizieren und zu handeln.

Ferner ist kommunikative Kompetenz in einer globalen Welt, in der es um soziale Effizienz und kreativ-analytische Denkfähigkeit geht, für den Erfolg entscheidend. Die Art und Weise, in der wir sprechen, zu verbessern, setzt eine Bewusstseinsänderung voraus, und zugleich können wir unser Bewusstsein verwandeln, wenn wir unsere Sprache modifizieren.

Power Words soll einen Beitrag dazu leisten und Ihnen einige Anregungen und Methoden zeigen, durch die Sie Ihre kommunikative Stärke so verbessern können, dass Sie ein positives Kraftfeld um sich selbst und um andere erzeugen werden.

Ich danke allen, die zum Gelingen dieses Buches beigetragen haben. Mein besonderer Dank gilt Frau Karima Dyck.

Gloria M. Goldini

Lebendige Kommunikation

1

Bewusste Sprache

1. Ist Phantasie wichtiger als Wissen? . . . 10

2. Abschied von einer indifferenten Kommunikation 13

3. Sprache ist Ausdruck der Persönlichkeit 17

4. Den Gordischen Knoten lösen 22

5. Chancen der Kommunikation nach der Quantentheorie 24

6. Virtuelle Kommunikation 26

7. Umdenken bezüglich Kommunikation . 28

1. Ist Phantasie wichtiger als Wissen?

Wissen ist Macht. Doch nach Einstein ist Phantasie wichtiger als Wissen. Kann das sein? In unserem Sprach- und Denkprozess nehmen wir alles um uns herum erst in seiner Gesamterscheinung wahr.

Im Gehirn bewegen sich verschiedene Gedankenfragmente

Eine elementare Betrachtung unserer Gehirnprozesse verdeutlicht diesen Vorgang: In unserem Gehirn bewegen sich Gedankenfragmente, flüchtige Gefühle, Sinnesempfindungen und Erinnerungen, ohne eine klare gedankliche Linie zu haben. Ein aktivierter Gedanke löst im Gedankennetz Reaktionen aus. Daraus entsteht eine Gedankenkette aus symbolischen Bildern und Mustern. Die Grundaktivität unseres Gehirns besteht aus der Wahrnehmung von Bildern, das zum „Depot" unseres Denkens wird. Aus diesen Bildermassen entstehen Metaphern als Ausdrucksformen unseres Sprachdenkens. Diese Metaphern, die sich aus dem im Gehirn angesammelten Reichtum von Botschaften und Geschichten entwickelt haben, vermitteln keine eindeutigen Sprachbilder. Die Mehrdeutigkeit und Unbestimmtheit der Metaphern entspricht der umfassenden Wahrnehmung unseres Unterbewusstseins.

Achtung: „An der Basis aller Bewusstseinsrealität liegt jedoch noch immer, so wie in der Urzeit, eine Welt fluktuierender Bilder und Unbestimmtheiten, eine Welt von verschließenden Worten, Halbbewusstheiten, Rätselhaftigkeiten, Doppeldeutigkeiten und permanent wechselnden, kaleidoskopischen Globalitäten, Komplexen, Feldern."[1)]

Worte sind mehrdeutig

Sybren Polet weist auf das Phänomen hin, dass Urworte oft auf ihr jeweiliges Gegenteil hinweisen, denn das eine erklärt oder erinnert an das andere. Licht ist ohne Dunkelheit nicht vorstellbar. Im modernen Sprachgebrauch finden wir noch solche Entsprechungen wie „schrecklich nett, todsicher, wahnsinnig gut" usw. Dieses Sprachphänomen verweist auf die Relativität des Wissens. Denn wie es Polet erläutert: „An der Basis liegt ein Verlangen nach Ganzheit, Komplementarität, ursprünglicher Ungespaltenheit und Mannigfaltigkeit, die noch immer fundamentale Sehnsüchte unserer Psyche darstellen und die für die Funktionsweise des (kreativen) Bewusstseins ebenfalls fundamental sind."[2)]

Folgt unser Denken in einem ausgewogenen inneren Zustand dem natürlichen Denkprozess, so entsteht eine gewisse Denkordnung: Zuerst nehmen wir alles als komplexes Geschehen auf symbolischer Ebene wahr. Hören wir z. B. in den Nachrichten von einem Flugzeugabsturz, entwickelt sich aus der Bildermasse eine Vorstellung der Gesamtsituation. Wir knüpfen weitere Verbindungen mit unserer Erfahrungswelt, die an erster Stelle nicht der Kommunikation, sondern der eigenen Bewusstwerdung dienen. Darauf folgt ein analytischer Denkprozess, der uns erlaubt, unsere Gedanken in kodifizierter Form sprachlich auszudrücken.

Aus unserer Gesamtwahrnehmung sieben wir bestimmte Inhalte heraus

Ebenso erwecken Worte unseres Gegenübers Gefühle und Impulse, die in unserem Bewusstsein zu Bildern werden . Es ist unsere ursprüngliche Phantasie, die ein „Sich-in-den-anderen-Hineinversetzen" ermöglicht. Über die Erfahrung des Verhaltens eines anderen gelangen wir zu Selbsterfahrungen. Entsprechend der Gegebenheiten wird eine Kommunikation fortgesetzt. Unsere Wahrnehmung entspringt den Tiefen unseres Seins, und unsere Phantasie bringt die seelischen Empfindungen an die Oberfläche unseres Bewusstseins. Unsere innere, assoziative, emotionale Wahrnehmung aktiviert in uns einen analytischen Denkprozess. Aus dem gesamten Stoff dieser Wahrnehmung sieben wir die Inhalte heraus, die wir kommunizieren wollen. Worte durchfluten unser Hirn, wie es Polet beschreibt: „oftmals früher als die zugehörigen Bilder und Bedeutungen", so dass die Sprache für uns denkt.

Wir setzen Schwerpunkte

Aus dieser ganzheitlichen Wahrnehmung heraus werden wir uns bestimmter Einzelheiten bewusst. Wir sprechen über diese Einzelheiten, wobei wir diejenigen hervorheben, die entsprechend unserem Gesamtbild besonders relevant zu sein scheinen. Wir erwähnen die Aspekte nicht, die wir für unbedeutsam halten oder als hinderlich betrachten. So setzen wir Schwerpunkte, die unsere Gedanken in einem von uns erschaffenen Rahmen und Hintergrund zeigen. Völlig unbewusst werden Einzelheiten so zusammengefügt, dass immer neue Gedankenbilder entstehen.

Wichtig: Die Schritte unseres Denkvorganges sind:

- Ganzheitliches Wahrnehmen
- Zergliederndes Denken
- Assoziatives Zusammenfügen

Perspektivenwechsel

Der dritte komplexe, schöpferische Denkvorgang, der auf assoziativem und nichtlinearem Denken basiert, wird Phantasie genannt. Phantasie kennzeichnet die Fähigkeit des menschlichen Geistes, Dinge aus verschiedenen Gesichtspunkten heraus wahrzunehmen, so dass wir innovative Ideen oder Dinge hervorbringen können. Es ist eine Schau nach innen zu der Kraft, aus der neue Ideen geschöpft werden können. Verbunden mit dem Ursprung unserer Sprache, ist Phantasie eine notwendige Ingredienz unserer Wahrnehmung. Gepaart mit dem Verstand, führt Phantasie zu einer ständigen Klärung unseres Denkens.

Das daraus folgende schöpferische Denken ist tiefgreifender als Wissen. Denn Wissen muss nicht unbedingt mit Denken zu tun haben; wird z. B. der Verstand mit einer unübersichtlichen Erkenntnisvielfalt überflutet, so kann es sogar passieren, dass die Phantasie gelähmt wird und stattdessen Zerstreutheit eintritt.

Wichtig: Viel zu wissen bedeutet noch nicht, viel zu denken.

Viel zu wissen bedeutet noch nicht, viel zu denken

Der schöpferisch Denkende verfügt über Wissen, welches ihn universale Prinzipien erkennen lässt. Er führt Gedanken aus der Begrenztheit, indem er ihnen Formen verleiht, die von allgemeiner Bedeutung sind.

Eine phantasiereiche Sprache, die von Bildern und Metaphern Gebrauch macht und zu uns in Gleichnissen und Figuren spricht, lässt uns über die momentanen Wissensinhalte hinausschauen.

Wissen kann nichts weiter als eine Aneinanderreihung von Informationen sein, die zu sprunghaften und oberflächlichen gedanklichen Schlussfolgerungen veranlassen könnte.

Solange die Phantasie untätig ist, kann der Mensch nur nachahmen, bewegt sich automatisch auf demselben Gleis und gleicht eher einer Maschine als einem vernunftbegabten Wesen. Die begrenzende, linkslastig-konditionierte Weltsicht unserer Zeit führt zu standardisiertem „Scheinwissen" und „Scheindenken", das sich in einer automatisierten Kommunikation mit normierten Worten spiegelt.

2. Abschied von einer indifferenten Kommunikation

Worte sind zunehmend von Gefühlen und Instinkten abgetrennt

In unserer mathematisch-mechanischen Zeit mangelt es im kommunikativen Geschehen an herzlichem und freundlichem Umgang miteinander. Die mechanische Nüchternheit der Sprache hat uns einen bedeutungsvollen Aspekt der Kommunikation geraubt. Wichtig ist nicht nur, was gesagt wird, sondern, wie etwas gesagt wird. Unsere Worte sind nicht mehr mit der Quelle unserer Kraft verbunden, denn wir haben die Bilder und Muster, die sich an die Oberfläche unseres Bewusstseins drängen, meistens bereits im Keim erstickt. Wird das rationale, naturwissenschaftliche Denken allein als unser Intellekt verstanden, folgt daraus eine Reduzierung unseres Bewusstwerdungsprozesses.

Die Bildersprache in unserem Gehirn – wir haben sie von unserem Körper in den Kopf verlagert – drückt sich automatisch in virtueller Sprache, in Bildern und Körperbewegungen aus, doch auf Grund jahrhundertelanger Konditionierung werden reichhaltige Wissensnetze im Gehirn verdrängt, noch bevor sie an die Oberfläche unseres Bewusstseins gelangen. Denn wir stehen der oft überraschenden, intuitiven Denkweise der rechten Gehirnhälfte kritisch gegenüber.

Wichtig: Integratives Denken, in dem beide Hirnhälften aktiviert werden, bildet die Basis der heutigen Kommunikation. Automatismus und Standardisierungen bilden den Kern unserer heutigen „Scheinkommunikation".

Automatisierte Höflichkeit

Von der Quelle unserer schöpferischen Kraft entfernt, wurde Kommunikation zunehmend fragmentiert und verfälscht. Worte werden vorwiegend zu informativen Zwecken verwendet. Die zunehmende Relevanz des Dienstleistungssektors in der Wirtschaft hat dazu geführt, dass selbst die Höflichkeit automatisiert und programmierbar wurde.

Beispiel:

„Was kann ich für Sie tun?", fragt eine Singsang-Stimme, als sei es zum hundertsten Mal. In einem spontanen Reflex legt Sebastian den Telefonhörer auf, nur um ihn nochmals in die Hand zu nehmen und erneut dieselbe Nummer zu wählen.

„Was kann ich für Sie tun?", erwidert diesmal eine hellere Singsang-Stimme.

Er erklärt, dass er Geld überweisen möchte.

„Ihren vollständigen Namen, bitte", artikuliert die synthetische Stimme.

Telebanking ... Ja, ein praktischer Service ...

Emotionale Anteile verkümmert

Funktionalisiert und automatisiert, sind solche Dienstleistenden austauschbar. Jeder x-Beliebige könnte den Text beinahe genauso herunterleiern, weil keine persönliche Anteilnahme das Gespräch begleitet. Die Stimme wird der aufgesetzten Freundlichkeit und mechanischen Kommunikation genau angepasst, so dass die emotionalen Anteile verkümmern.

Die von der „Eindimensionalität" des Verstandes regierten Wirklichkeitsmodelle führen zu einer phrasenhaften Sprache. Der Mensch wird von seinem eigenen Denken und Tun distanziert, bis er nicht mehr weiß, wer er wirklich ist, noch was er sein könnte. Es fehlt das „Sich-in-einen-anderen-versetzen-Können" im zwischenmenschlichen Umgang, so dass eine künstliche Verbindlichkeit hergestellt wird. Das Gegenüber könnte jeder sein.

I don't care

Der Slogan „I don't care" (es ist mir egal) drückt treffend die allgemein anwachsende Indifferenz der sozialen Umwelt aus. Der Philosoph Jean Baudrillard beschreibt, wie diese Indifferenz heute als Strategie angewendet wird: „Ja, es ist eine bestimmte Strategie, mit der bestimmte Absichten verfolgt werden ... Man wird sich selbst gegenüber gleichgültig, um die anderen leichter in einen Zustand der Verblüffung versetzen zu können; folglich werden die anderen verwundbar. Im Grunde handelt es sich um eine neutrale und subtile Form der Verführung. Es ist aber keine Strategie eines moralischen, verantwortlichen Subjekts, sondern die eines Objekts. Man macht sich unbeweglich wie ein Objekt, das keine Antwort gibt, worin gerade seine geheimnisvolle Kraft besteht. Dieses Fehlen einer Antwort bleibt nicht folgenlos."[3)]

Der Mensch ohne Eigenschaften

Die indifferente Kommunikation, die Baudrillard beschreibt, führt dazu, dass der Mensch, trotz des Ich-Kultes, immer eigenschaftsloser wird. Kaum noch unterscheidbare, automatisierte Verhaltensspiele und bedeutungslose Kommunikations-Rituale beeinflussen den kreativen Prozess der Kommunikation, so dass in einer globalen, multikulturellen Welt der Songtext „Dadada" als ausreichende Aussage transportiert wird. Inhaltslose Aussagen führen letztlich zu einem Gefühl der Leere und Sinnlosigkeit. Dieser Sinnverlust, der die moderne Welt kennzeichnet, ist ein Preis, den wir für die immensen Leistungen der modernen Wissenschaft zahlen. Der Mensch, der als „Rohstoff" des wirtschaftlichen Erfolges betrachtet wird, kann sich im System der „Indifferenz" nur noch wehren, wenn er „unfassbar" und unpersönlich wird. Hierzu Baudrillard: „So wehrt sich das Objekt der Wissenschaft heute in dem Maße, in dem es unfassbar wird; es ist nur noch eine bildliche Darstellung auf dem Bildschirm eines Rechners, und folglich wird das Privileg des Subjekts ebenfalls unfassbar. Und trotzdem macht die Wissenschaft Fortschritte, allerdings im Bereich der Indifferenz, in einer unumkehrbaren Bewegung hin zur Ununterscheidbarkeit von Subjekt und Objekt."[4]

Vom Beobachteten zum Beobachter und zurück

Nach den Erkenntnissen der Quantenphysik wird deutlich, dass frühere Denkmodelle, die sich auf das Kleine, das Reduzierbare beschränken, begrenzt und nicht ausreichend sind, um komplexe Vorgänge zu vermitteln. Heute weiß man, dass sich Objekt, also das Beobachtete, und Beobachter gegenseitig bedingen.

Als Teil des Ganzen sind wir immer mit allem verbunden. Jede Kommunikation wird zu einem Berührungspunkt der Seele, wenn wir zulassen, dass der Intellekt unsere Gefühle freisetzt.

Übung: Berührungspunkte der Seele

Stellen Sie sich gerade hin, beide Füße auf den Boden, und entspannen Sie die Knie, so dass Ihr Gewicht gleichmäßig auf der Fußmitte bleibt.

- Nehmen Sie das Gefühl der Luft wahr, als sei sie ein sanfter Wind, der Ihre Haut berührt. Richten Sie jetzt Ihre Aufmerksamkeit auf Ihren Atem, atmen Sie natürlich und nehmen Sie Ihren Körper von innen wahr. Vergewissern Sie sich, dass Ihre Arme locker sind, und dass die Schultern, der Nacken und die Torsomuskeln entspannt sind. Spüren Sie, wie ein Strom aufwärts steigender Energie die Wirbelsäule bis zum Nacken hin durchströmt.
- Werden Sie sich Ihrer Schwerkraft bewusst und lassen Sie den Kopf nach vorne hängen.
- Richten Sie jetzt den Kopf auf und lassen Sie aus dem Kopf heraus einen Strom funkelnder Energie Ihren Körper durchstrahlen.

Für den chilenischen Neurobiologen Humberto Maturana haben die Begriffe „Geist", „Psyche", „Bewusstsein" oder „Seele" ihren Ursprung im Bereich der Beziehungen. Er unterscheidet diese Phänomene von der Domäne des Körpers. Die Kommunikation bezeichnet er als einen „gemeinsamen Tanz des Sprechens und Fühlens".[5)]

Kommunikation ist ein „gemeinsamer Tanz des Sprechens und Fühlens"

In der Kommunikation werden nach Maturana zwei unterschiedliche „Geister", die in einer so genannten „Opposition" zueinander stehen (einfach deshalb, weil sie sich voneinander unterscheiden und ganz andere Lebensgeschichten haben), dennoch in ihrer Verschiedenheit verbunden. Ein gegenseitiges Anpassen bewirkt eine Veränderung der eigenen Strukturen, und das Nervensystem entwickelt die angemessenen sensomotorischen Korrelationen, so dass wir uns in der Situation entsprechend verhalten können.

Wichtig: Wenn Gesprächspartner mit Seele und Verstand kommunizieren und am Gedankenablauf des anderen innerlich beteiligt sind, d. h. wenn sie seelisch partizipieren, kann die subjektive, innere Erfahrung das rationale Wissen erweitern.

Seele und Verstand kommunizieren

3. Sprache ist Ausdruck der Persönlichkeit

Ist die Persönlichkeit ausgewogen und stark, wird jedes geäußerte Wort ein völlig anderes Gewicht haben. Die gleichen Worte sind noch lange nicht dieselben Worte. Ein energieloser, zerstreuter Mensch hat selten die Vorstellungskraft und intellektuelle sowie gefühlsmäßige Präsenz, um seine Gedanken erfolgreich zu vermitteln. Unsere Worte werden persönlich, wenn sie von uns innerlich „gefühlt" werden. Sie werden „gefühlt", wenn Assoziationen und Bilder erweckt werden. Die Empfindungen beleben unsere Gedanken. Worte ohne Empfindungen sind kalt und berühren das Gemüt unseres Gegenübers nicht. Eine persönliche Sprache, die im Einklang mit unseren Empfindungen ist, kann unsere Ge-

Persönliche Sprache ist im Einklang mit unseren Empfindungen

sprächspartner ergreifen, beeindrucken oder sogar mitreißen. Die lebendige Kraft der Sprache veranlasst uns, dem Sprecher zu glauben. Erst dann können wir ihn ernst nehmen. Nur wenn wir selbst von unseren Worten überzeugt sind, können wir andere von unseren Gedanken überzeugen.

Eine automatisierte Sprache macht unsere Empfindungen stumpf und vermindert unsere instinktiven Impulse. Unsere Gefühlssinne sterben allmählich ab und mit ihnen auch unsere körperlichen Wahrnehmungen. Wir verlieren den Zugang zu unserem Inneren.

Wertvolle, bedeutungsreiche Gedanken werden übergangen oder überhört, wenn wir mechanisch sprechen. Sind wir selbst nicht von dem, was wir sagen, überzeugt, wird es nahezu unmöglich, einen anderen zu überzeugen.

Eine starke Persönlichkeit überzeugt

Sollte ein Mensch, der bisher mit seinem Gegenüber oberflächlich kommuniziert hat, eine gute Idee vermitteln wollen, wird sie meist nicht ernst genommen. Sogar wenn die neue Idee den Bedürfnissen eines Unternehmens genau entspricht, trifft er oft auf irgendwelche Widerstände. Der Betreffende vermutet dann, es liege an der Bürokratie oder an der Idee, was natürlich auch zutreffen kann. Oft ist aber zu beobachten, dass genau dieselbe Idee, von einer anderen, stärkeren Persönlichkeit vorgetragen, begeistert angenommen wird. Derjenige mit der stärksten Persönlichkeit, dem wir „Führungseigenschaften" zuordnen, wird – unabhängig seines Ranges im Unternehmen – am ehesten überzeugen.

Die Tiefen seines Seins kennen, öffnet die Tür zu unserem Gegenüber

Deshalb ist es so wichtig, in uns selbst hineinzuschauen. Der rational überlagerte Mensch kann sein Gegenüber meist nicht verstehen, da ihn ein Wust von Einzelheiten von der Wahrnehmung des ganzen Menschen ablenkt. Äußerlich aktiv, aber innerlich umso gleichgültiger, werden Gespräche zu einer Routine. Der Schwerpunkt liegt in den Sachzusammenhängen, und das Gegenüber ist nichts weiter als ein imaginärer Schnittpunkt. Losgelöst von Erfahrungen und Gefühlen, verwendet er auswendig gelernte Floskeln und Halbwahrheiten so gleichgültig, als hätte er sie aus einem Katalog auswendig gelernt. Die automatisierte Kommunikation ist wie eine Fertigware, die nach dem Gesetz „Angebot und Nachfrage" eingesetzt wird.

Fertigware Automatensprache

Manchmal resultiert die automatisierte Kommunikation aus einer Gefühlsverletzung, die die Kontaktbereitschaft mindert. Eine Selbstüberschätzung rechtfertigt eine Distanzierung vom anderen.

Beispiel:

Katrin fühlt sich in ihrer Rolle als Frau unsicher. Sie leidet darunter, dass andere Kolleginnen attraktiver sind und sich besser kleiden.

Im Detail verzettelt

In ihrer Projektarbeit hat sich Katrin so sehr mit Details und Organisation beschäftigt, dass ihr das Hauptanliegen ihrer Aufgabe kaum noch bewusst war. Sie redete sich ein, dass Teamarbeit ihren strengen Qualitätsmaßstäben niemals gerecht werden könne, ihrer Meinung nach war keine der anderen Frauen in der Abteilung überhaupt fähig, die Arbeit so korrekt, wie sie es tat, auszuführen. Es gab deshalb nur einen Menschen, dem sie gelegentlich Fragen stellte, und das war der Vorsitzende, den sie überaus verehrte.

Einige Vorstandsmitglieder, ihr Vorsitzender und verschiedene Mitarbeiter sollten von den Ergebnissen ihres Projektes unterrichtet werden. Es gab noch kein „Ergebnis", aber aus Scheu wagte sie es nicht, dies ihrem Vorgesetzten mitzuteilen. Sie bekam Herzklopfen bei der Vorstellung, sie könnte ihn enttäuschen.

Also entschloss sie sich, den Termin einzuhalten. Sie kaufte den Lieblingskuchen des Vorsitzenden und ließ von der Sekretärin Kaffee servieren. Als Erstes kündigte sie allen Anwesenden an, dass heute ihr Geburtstag sei. Als einer der Vorsitzenden sich bei ihrem Chef erkundigte, ob dies die neue „Firmensitte" sei, fasste sie diese Reaktion als ungerechtfertigten Vorwurf auf. Sie hatte schließlich mit ihrer großzügigen

Geste ihre Kollegialität und positive Einstellung unterstrichen! Es gibt immer etwas, worüber man sprechen kann!

Falsch verstandene Kritik

Als ihr Vorgesetzter ihr am nächsten Tag in einem wohlmeinenden Gespräch seinen Zweifel an ihrer Prioritätensetzung äußerte, beklagte sie sich über ihre Mitarbeiterinnen. Sie hätte schon lange alle Arbeiten alleine machen müssen, und die Vorstandsmitglieder könnten ihren gestrigen Gesprächsbeitrag nur deshalb nicht wirklich schätzen, weil sie alle neidisch wären, dass allein sie in der Lage sei, die an sie gestellten hohen Erwartungen zu erfüllen.

Überzeugt von ihren hervorragenden Leistungen, verstand sie die konstruktiv gemeinte Kritik als eine versteckte Ablehnung ihrer Weiblichkeit. Katrin zog sich mit einem selbstsicheren Lächeln zurück und begann unter ihren Kollegen zu verbreiten, dass die Damen in ihrer Abteilung eine intrigante Strategie gegen sie entwickelt hatten. Danach führte sie ihre Arbeiten nur noch mechanisch und robotermäßig aus, in der sicheren Annahme, dass niemand in der Lage sei, ihre Einzigartigkeit zu schätzen.

Ihre starke, emotionale Empfindlichkeit gegenüber konstruktiver Kritik und die Angst vor der Beurteilung durch andere verhinderten die nötige Selbstkritik, die Voraussetzung für eine optimale Leistung gewesen wäre.

Unbewusste Ängste blockieren die Kommunikation

Eventuell führen bewusste oder unbewusste Ängste dazu, dass die natürlichen Empfindungen entweder blockiert oder ins Negative umgeleitet werden, so dass eine persönliche Kommunikation überhaupt nicht mehr erwünscht ist. Der mitmenschliche Umgang wird als lästig empfunden, so dass Gespräche zu einem einseitigen Handeln werden. Das Gesprächsgegenüber ist lediglich ein Objekt, das einen Zweck erfüllt, darüber hinaus aber vollkommen unwichtig ist. Schon eine freundliche Begrüßung kann als Herausforderung empfunden werden und den Gedanken auslösen: „Warum ist er so freundlich zu mir? Was will er denn wirklich?"

Die spontane Reaktion ist blockiert, das Gespräch wird flach, nichts sagend und unverbindlich. Freundlichkeit wird als peinlich empfunden und führt zur inneren Unbeholfenheit.

Gefühlskontrolle

Der Verstand sorgt für Distanz gegenüber sich selbst und dem anderen. Solche inneren Vorgänge laufen meist automatisch ab. Eine automatisierte Kommunikation führt letztlich zur Vereinsamung und oft zu einem inneren Widerspruch zwischen Gefühlen und Intellekt, zwischen persönlichen Emotionen und dem sozialen Umfeld. Der Konflikt zwischen den natürlichen Empfindungen und dem Wunsch, diese Gefühle durch den Verstand zu kontrollieren, führt zur automatisierten Sprache. Diese Tarnung des Inneren lässt eine befremdende Härte entstehen.

Gesichtslos, unpersönlich und leer, werden die inneren Empfindungen als ein „Luxus" betrachtet, den sich ein Mensch nur selten erlauben sollte. Diese innere Haltung wird vom Gesprächspartner erahnt und meist als unnahbarer Hochmut verstanden.

Fühlend verstehen, verstehend fühlen

Wenn wir fühlend verstehen und verstehend fühlen, sind wir zu einer Kommunikation fähig, die von innen nach außen Energie durchstrahlen lässt. Das nötige Feingefühl lässt uns persönlich sprechen, ohne persönlich zu werden.

Übung: Verbindlichkeit

Stellen Sie sich vor, dass Sie, während Sie mit jemandem sprechen, in der Mitte eines Kreises stehen. Alles um Sie herum bleibt, wie es ist, aber egal, wohin Sie sich bewegen, Sie bleiben in der Mitte des Kreises. Von Ihrem Kreis aus sieht alles anders aus als vom Punkt Ihres Gegenübers. Stellen Sie sich vor, dass ein gemeinsames Ziel diesen Kreis verbindet. Was ist dieses Ziel? Warum sprechen Sie? Schauen Sie nach innen. Geht es tatsächlich um sachliche Dinge, oder ist eine Sehnsucht, ein Gefühl dahinter verborgen? Womit hat das, was hochkommt, zu tun? Alles, was Sie hören und sagen, wird von Ihrem Standpunkt beeinflusst. Wenn Sie zentriert stehen, bekommt alles, von Ihrer Mitte aus betrachtet, eine andere Dimension.

4. Den Gordischen Knoten lösen

Am Anfang war der Gedanke

Die moderne Physik geht davon aus, dass die Welt geistiger Natur ist und ihr Ursprung eher einem gewaltigen Gedanken gleicht, der diese Kernschöpfungsdynamik beschreibt. Übertragen auf die Kommunikation bedeutet dies, dass alles mit allem in einem lebendigen Kommunikationsnetz verbunden ist.

In unserem Zeitalter müssen wir unsere rein materialistische, klassifizierende Sicht der Dinge verlassen und in Bereiche vorstoßen, die die Sicherheit des leicht Definierbaren nicht mehr bieten. Das frühere Weltbild der absoluten Ideen weicht der Erkenntnis, dass das Reale nicht fassbar ist. Ein neues Verständnis des Universums verlangt, sich von der vertrauten, sicheren Vorstellung der Gesetzmäßigkeiten der Welt zu verabschieden und öffnet die Tür zu einer erweiterten Erkenntnisebene.

Ganzheitlich fühlen und denken

Obwohl wir die Komplexität der Welt erkennen und wissen, dass Kommunikation eine ganzheitliche Darstellung unseres Wahrnehmens, Denkens und Fühlens ist, neigen wir dazu, die geäußerten Gedankengänge unseres Gegenübers zu zerlegen und zu zergliedern, vielleicht mit dem unbewussten Wunsch, dadurch unser Gegenüber zu beherrschen.

Objetiv oder subjektiv

Unsere Kommunikation pendelt zwischen Objektivismus und Subjektivismus hin und her, da wir nur von einem Bewusstseinsbereich ausgehen. Die Welt wird als vorgegebene Realität verstanden, mit der der erkennende Mensch subjektiv in Kontakt tritt. Da wir das dynamische Ganze gar nicht wahrnehmen, geben wir uns damit zufrieden, nur einen Teil zu betrachten und zur Kenntnis zu nehmen. Taucht eine Schwankung auf, bezeichnen wir diese Abweichung von unserer Vorstellung als Problem. Meistens stellen wir uns Zusammenhänge als Kausalkette vor, so dass ein „Problem" (Ursache) die Wirkung hervorruft. Solch monokausales Denken führt zu einer eindimensionalen Kommunikation.

Kommunikative „Knoten" durch intuitives Erfassen lösen

Nach Ansicht des Philosophen Ludwig Wittgenstein sind viele Barrieren – er bezeichnet sie als „Knoten"– durch die Anwendung der Begriffe „Problem" und „Lösung" überhaupt erst entstanden. Wissenschaft und Logik haben diese „Knoten" zwischen uns und der Welt verursacht. Sie können aber durch ein intuitives, irrationales Erfassen gelöst werden. Wittgenstein versteht Sprache jenseits einer mechanistischen, grammatischen Vorstellung, denn sie ist Ausdruck unseres Selbstbewusstseins.

Wichtig: Unser Selbst drückt sich durch das Medium Sprache aus. Sie ist Spiegel der gesamten Kultur und Geschichte. Somit ist das wahre Wesen des Bewusstseins samt aller kulturgeschichtlichen Prägungen, die uns geformt haben, in die Sprache eingebunden. Wir können die Knoten, die unser Verständnis des Gegenübers erschweren, durch eine Erweiterung unseres Bewusstseins entwirren.

Die Erkenntnisse der modernen Physik weisen auf eine Art der Kommunikation hin, die der mechanistischen, automatisierten Art des Sprechens entgegenwirkt. Der Philosoph Jean Guitton, ein Schüler von Henri Bergson, stellt fest: „Mit den letzten Jahren des Jahrhunderts geht eine lange Epoche zu Ende: Wir treten, als Blinde, in ein metaphysisches Zeitalter ein. Keiner wagt es zu sagen; immer schweigt man über das Wesentliche, das unerträglich ist. Aber es erhebt sich eine große Hoffnung für diejenigen, die denken."[6)]

Wir können mit der Sprache neue Kraftfelder erschließen

Wir sollten das bizarre Repertoire unserer Denkprozesse, die sich zu Meinungen und Werten geformt haben, aber nichts mit unserem Selbst zu tun haben, relativieren und verabschieden. Das Bedürfnis, „Recht haben zu müssen" begrenzt unsere Denkfähigkeit. Das metaphysische Zeitalter, das Guitton ankündigt, weist auf neue Kraftfelder, die wir erschließen können. Sprache kann als Mittel dazu dienen, wenn sie nicht mehr eindimensional, sondern innerhalb einer vernetzten Bedeutungsebene angewendet und verstanden wird.

Übung: Ein Kraftfeld der Worte

Intellekt mit den Gefühlen verbinden

Ein balancierter Mensch bleibt trotz Intellektualität mit seinen Gefühlen verbunden. Stellen Sie sich ein Gesprächsgegenüber vor, mit dem Sie sich gut verstehen und der zudem für Ihre berufliche Laufbahn wichtig ist. Schreiben Sie den Namen dieses Menschen auf ein sauberes Blatt Papier innerhalb eines gezeichneten Kreises. Nun schreiben Sie um diesen Kreis herum alle Wörter, die Ihnen spontan einfallen, so dass die Worte sich wie ein Strahlenkranz um den Kreis bilden. Beurteilen Sie die Worte nicht, sondern unterscheiden Sie lediglich, ob es Gefühlsworte oder intellektgeprägte Worte sind. Welche überwiegen? Fügen Sie jetzt zusätzliche Worte hinzu, bis die Wortgruppen balanciert sind.

5. Chancen der Kommunikation nach der Quantentheorie

Den Panzerschrank knacken

David Bohm, ein Physiker und Quantentheoretiker, ist der Ansicht, dass kein Bereich des Lebens von den Auswirkungen der Quantenmechanik unberührt bleibt: „Eine Menge Arbeit ist geleistet worden, um die Unzulänglichkeiten der alten Ideen aufzuzeigen, die es lediglich gestatten, eine Reihe neuer Fakten mathematisch passend zu machen (vergleichbar dem, was Kopernikus, Kepler und andere getan haben), aber wir haben uns nicht durch und durch von der alten Ordnung des Denkens, Sprechens und Beobachtens freigemacht. Eine neue Ordnung wahrzunehmen, steht uns noch bevor."[7] Es wird nicht weniger verlangt als das Sprengen des „Panzerschrankes des eindimensionalen Gehirns" mit seinem mechanistischen und quantifizierenden Denken. Eindimensionales

Denken, das bestrebt ist, Phänomene durch systematische Analyse zu erfassen, kann den instabilen Prozess eines Universums, in dem „alles mit allem" verbunden ist, nicht nachvollziehen. Der amerikanische Physiker Fritjof Capra hält diese begrenzte Denkweise für eine der Hauptursachen der heutigen Krisen. Denn der alten absolutistischen und despotischen Natursicht folgte eine Abkehr von der notwendigen Schau nach innen.

Befreit zum Selbst

Die Infragestellung des glaubensähnlichen Vertrauens in die bisherige Wissenschaft und Technik bedeutet eine größere Autonomie und zugleich eine Chance der Befreiung des Selbst. Der Mensch könnte sich, würde er sich von den Konditionierungen der Vergangenheit befreien, auf einer „Metaebene" wahrnehmen. Diese Metaebene wird von dem französischen Soziologen Edgar Morin folgendermaßen beschrieben: „Unter Metaebene verstehe ich die Möglichkeit einer uneingeschränkten Erkenntnis und, ausgehend von dieser uneingeschränkten Erkenntnis, eines reflexiven Bewusstseins. Selbstverständlich wird dieses reflexive Bewusstsein nicht die Ungewissheiten verschleiern, sondern offenbaren, jene Ungewissheiten, die uns gerade von den vereinfachenden Konzeptionen verschleiert werden, weil sich derartige Konzeptionen heute stets als Alternative darstellen: entweder Apokalypse oder das Goldene Zeitalter."[8] Wir sollten uns für ein so genanntes Zeitalter des „Unabhängigen Denkens", das zur Erweiterung unseres Bewusstseins führt, entscheiden.

Zeitalter des „Unabhängigen Denkens"

Übung: Die innere Freiheit

Falls Sie Ihren Gesprächspartner persönlich kennen, stellen Sie sich trotzdem vor, Sie hätten ihn noch nie gesehen. Lösen Sie sich von allen vorgefassten Meinungen und Einstellungen. Sie haften an keinem Bild und keiner Erinnerung, Sie sind durch kein Erlebnis belastet. Sie fühlen sich stark und voller vitaler Energie, und Sie haben keinen Grund, sich mit irgendetwas in Ihrem Umfeld zu identifizieren.

Neue Energien

Sie sind in Ihrer inneren Welt, in der Sie zu sich selbst sprechend Ihren Namen wiederholen. Keiner der Mängel und Ängste, die Sie belasten, haben eine Bedeutung. Sie sind zwar derselbe Mensch, aber eine neue Energie strömt durch Ihr gesamtes Wesen.

Sie hören genau, wie Ihr Gegenüber spricht, richten jedoch Ihre Aufmerksamkeit weniger auf einzelne Worte, dafür mehr auf die Gefühle des anderen. Ihre Erinnerungen und Emotionen bleiben dabei ruhig.

Wenn Sie etwas sagen, achten Sie besonders auf den Klang Ihrer Stimme, als wäre sie eine Melodie, und nehmen Sie wahr, was dieser Klang ausdrückt.

6. Virtuelle Kommunikation

Das Internet wirkt sich auf unsere alltägliche Kommunikationsfähigkeit aus, allein schon deshalb, weil es zu einer weltweiten Integration geführt hat. Es leitete einen weltumspannenden Prozess ein, der uns mit determinierte. Doch trotz aller unbestreitbaren wirtschaftlichen Vorteile folgt aus der technischen Integration der verschiedenen Nationen noch lange kein übernationales Verständnis.

„Ich clicke, also bin ich"
(Edgar Morin)

Als weltweiter Datenvermittler (Botschafter) ist das Internet in kürzester Zeit zu einem ungeheuer großen Machtfaktor angewachsen. Die Ambivalenz des Internets fordert eine ständige Überprüfung der eigenen Denk- und Kommunikationsweise. Das Internet hat den quantitativen, kommunikativen Austausch wie nie zuvor gesteigert, doch die Qualität der Kommunikation hat sich reduziert. Eine neue Unmündigkeit und Mechanisierung der Sprache macht sich breit. Zunehmend dient das Internet der Weltflucht, nach dem Motto: „Ich clicke, also bin ich."

Diese Vernetztung erleichtert den Informationsaustausch und lässt Kontakte zwischen Gleichgesinnten verschiedener Kulturen leichter herstellen. Es werden so viele Informationen und Ideen transportiert und ausgetauscht wie nie zuvor, doch genau das macht das Selektieren so schwierig. Die Internet-Pseudogemeinschaft isoliert den Menschen noch mehr. Statt „Real life"-Interaktion entsteht eine Scheinbeziehung zum Computer und der virtuellen Welt.

Internet: unproduktive Simulation der Realität

Die so genannte Realitätserfahrung via Internet ist eine künstliche Simulation der Realität.

Nicht nur das Internet, sondern vor allem bildliche Darstellungen in Video-Spielen und Filmen hinterlassen ihren Einfluss im alltäglichen Bewusstsein der realen Welt. Sie beeinflussen unseren Gemütszustand, unsere Denk- und Verhaltensweise.

Wichtig: Sich passiv in die virtuelle Welt von Internet, Video-Spielen und Filmen zu versetzen, ist nicht mit dem aktiven Erleben eigener Phantasie zu vergleichen.

„Als-ob-Vorstellungen" in unserer Erlebniswelt

Wenn wir unserer Phantasie freien Lauf lassen, erfahren wir die Kraft unserer Urkreativität. In phantasierter Simulation der Realität können wir uns aus einem räumlich-zeitlich begrenzten Standort der unmittelbaren Gegenwart in andere Räume und Zeitvorstellungen versetzen. Empfindungen und Gefühle sind in solchen „Als-ob-Vorstellungen" von zentraler Bedeutung. Diese aus dem eigenen Lebenszentrum erweckte virtuelle Erlebniswelt ist eine Ausdrucksform unserer Vitalität: Unsere Sinne, Gefühle und Intuitionen drücken sich in imaginierter Sprache, in Bildern und Körperbewegungen aus.

Diese innere Erfahrung lässt uns jedes Erlebnis besser verstehen, und dies wirkt sich auf das Verständnis unseres Selbst sowie unseres Gegenübers aus. Das innere Erleben ändert unseren Zugang zur Welt, weil wir uns unserer tieferen Beweggründe bewusst werden. Die uns innewohnenden Bilder lassen sich als persönliche Mythen oder Metaphern verbalisieren. Solche Mythen haben oft enorme Kraft. Deshalb sollten wir uns immer vergegenwärtigen, wie es wäre, wenn sich die von uns erschaffenen Geisteswelten verwirklichen würden.

Erzeugte Ideen, die uns erzeugen

Edgar Morin betont: „Wir erzeugen Mythen, die hierauf uns erzeugen, wir erzeugen Ideen, die uns erzeugen, wir erzeugen Bilder, die uns erzeugen, und schließlich können wir vorausahnen, dass wir eine virtuelle Realität erzeugen werden, die in gewisser Hinsicht uns erzeugen wird."[9] Deshalb sollten wir uns sehr überlegen, welche Mythen wir erzeugen, so dass wir und andere nicht Opfer gefährlicher Mythen werden. Zum Beispiel könnte ein falsches, bewusst erzeugtes „Zusammengehörigkeitsgefühl" letztendlich die geplanten Rationalisierungsmaßnahmen tarnen. Je bewusster wir sind, desto weniger sind wir manipulierbar und desto mehr können wir unsere „Schöpfungen" bestimmen und kontrollieren.

7. Umdenken bezüglich Kommunikation

Auf Grund der zunehmenden Komplexität und Ungewissheit der globalen Welt wird es immer wichtiger, kurz und präzise trotz aller Ausdrucksvielfalt zu kommunizieren. Dies heißt nicht, unser sprachliches Spektrum auf die homogenisierte Sprache eines „Internet chats" zu reduzieren.

Flexibles und innovatives Denken

Die Weltwirtschaft befindet sich in einem tief greifenden Strukturwandel, und jeder sucht nach neuen Orientierungspunkten. Die Umwandlungen der strengen, hierarchischen Unternehmensstrukturen in flache Organisationen reicht nicht aus, um den neuen Herausforderungen dieser Zeit zu begegnen. Manager dürfen flexibles und innovatives Denken durch ihre versteinerte Weltsicht nicht blockieren. Erfolg verheißende „Rational-Management"-Methoden aus den USA bewirken keine tief greifenden Veränderungen: Führungskräfte müssen lernen, selbstständig zu denken.

Der weltweite Wettbewerb und die zunehmende Technologisierung verschärfen den Druck von Marktdiktaten, und es müssen zügig die notwendigen Kernkompetenzen entwickelt werden, um Kundendienstbereiche innovativer auszubauen und die Eigeninitiative der Mitarbeiter zu steigern. Dies setzt jedoch voraus, dass die

Führungskräfte wissen, „wo es langgeht", und dass sie die Fähigkeit haben, ihre Vorstellungen den Mitarbeitern/innen zu vermitteln. Solch eine kritische Übergangsphase macht eine klare und effektive Kommunikation unentbehrlich.

Speed führt zur Selbstbetäubung

Die gegenwärtig vom Einzelnen empfundene Bedrohung der gewohnten Lebensperspektive durch die unüberschaubaren Verflechtungen und Beziehungen in der globalisierten Wettbewerbsgesellschaft erfordert ein Umdenken. Langfristige Strategien sind erforderlich, um flexibel auf kurzfristige Veränderung reagieren zu können. Doch die Angst, mit den Problemen, die sich aus der wachsenden Komplexität unseres technologischen Zeitalters entwickeln, nicht mehr umgehen zu können, führt durch einen übertriebenen Aktivismus zur Selbstbetäubung, die langfristigen Erfolg gefährdet. Die zunehmende Dynamik im Wirtschaftsleben, der „Speed", lenkt von der Sicht auf das Ganze ab. „Speed" als innerer Leitwert führt zu einer Abwendung von der Innerlichkeit. Bedrohliche Gefühle werden verdrängt, und kaum ein Manager nimmt sich die Zeit, über seine Emotionen nachzudenken. Gefangen in seiner programmierten, linearen Zeitsicht, lässt er nur noch routinemäßiges Denken zu.

Speed: mechanische Schnellsprache

Achtung: In ihrem Streben nach Selbstbehauptung nehmen Manager mit „Scheuklappendenken" ihr Gesprächsgegenüber kaum wahr. Ihr nüchterner, automatisierter Kommunikationsstil schrumpft jede Weitwinkelperspektive – es kommt zu verzerrten Wahrnehmungen. Ihre einseitige Ausrichtung auf verschiedenste ausgewertete Daten führt zu einer Fokussierung auf äußere Bedingungen. Da keine Rückbesinnung auf die eigenen Wahrnehmungen erfolgt, kommt es in der Kommunikation zu einer Verwischung des eigenen Standpunktes.

Deduktiv denken reicht nicht

Tief im Innersten sind solche „Macher-Manager" meist hilflos und ohne eigene Orientierung. Deshalb halten sie sich am Anker vorgegebener Zahlen und der Daten fest, die ihnen die Illusion der Sicherheit vermitteln. Fast jeder von ihnen weiß, dass die etablierte, deduktive Denkweise schon nach kurzer Zeit zum Stillstand führt, und es wird spätestens bei der Durchführung der Pläne klar, dass die gegenwärtige Entwicklung bereits ganz woandershin tendiert. Etwas „Äußeres" ist dann an allem schuld, und sie klammern sich umso fester an das mathematisch-technokratische Denken. Die beklagte und heute besonders hinderliche mentale Unbeweglichkeit rührt aus einer fehlenden Bereitschaft, sich zu verändern. Dies ist nicht verwunderlich, denn einer der gravierendsten Fehler der Wirtschaft heute ist der Glaube an die Allmacht der analytischen Denkprozesse. Im Namen des Allmachtsanspruchs des wissenschaftlichen Denkens wird über die Inkompetenz der eigenen Erkenntnisfähigkeit hinweggepfuscht.

Zeitdruck führt zu Fehlentscheidungen

Der ungeduldige Macher-Manager gibt sich nicht den Spielraum, neugierig und vorurteilsfrei an einem Gespräch als aktiver Zuhörer teilzunehmen, um dann über neue Ideen oder Standards nachzudenken. Stattdessen lässt ihn die Gier nach schnellen Lösungen – trotz innerer Verunsicherungen – Spontanentscheidungen fällen, ohne sich dabei auf innere Erfahrungswerte zu stützen. Aus Zeitdruck greift er auf so genannte Faustregeln zurück. Diese Betriebsblindheit entpuppt sich oft als Fehlentscheidung. Kurzfristiges Denken bedeutet verlorene Geschäfte und Kunden, aber vor allem verlorene Entwicklungsmöglichkeiten. Solche Fehlentscheidungen werden nicht als solche eingestanden, denn auch vorgetäuschter Erfolg gilt mehr als die Wahrheit.

Wertevorstellungen gewinnen in dieser Zeit des Ich- oder Macher-Kultes an Bedeutung, denn es gibt in der Politik und Wirtschaft nur allzu wenig Vorbilder für Ehrlichkeit und Aufrichtigkeit.

Automatisierte Sprache ist Scheinkommunikation

Achtung: Ethik als Basis der Kommunikationsstrategien im Unternehmen verhindert egoistische Ellenbogenstrategien, die sich das „große Abzocken" zum Ziel gemacht haben. Die innere Unverfrorenheit des Macher-Kultes zwingt zur Scheinkommunikation, die sich mit automatisierter Sprache tarnt.

Auf unsere Empfindungen besinnen

Eigeninitiative und Mut – die einzigen Chancen, mit einer Zeit des Paradigmenwechsels konstruktiv umzugehen – bedeuten, dass Manager die Verantwortung für ihr Tun wieder auf sich nehmen müssen. Flexibles, analytisches Denken und Kreativität können erlernt werden, z. B. wenn Experten öfter ihr Fachwissen miteinander austauschen. Ein so erweitertes Wissen führt zu brauchbaren Lösungsstrukturen, da jeder der Beteiligten unabhängig denken kann und gegebenenfalls auch den Mut hat, unangenehme Dinge zu sagen.

Dies verlangt kommunikative Kompetenz und einen persönlichen Kommunikationsstil: Wir müssen uns wieder auf unsere Seele (im Griechischen „Psyche") besinnen. Wird uns dieses Reservoir unreflektierter Empfindungen bewusst, erlangen wir eine Kraft, die uns erkennen lässt, wie wir am besten mit der Komplexität der Gegenwart umgehen und uns an die Bedürfnisse der Zeit anpassen können. Dies darf nicht bedeuten, dass sich der rationale Verstand von den unentbehrlichen Aufgaben zurückzieht, sondern, dass er sich auf wesentliche Dinge beschränkt und so den Prozess der Eigenverantwortlichkeit des Individuums fördert.

Unabhängiges Denken ohne Machtstreben

Verbindende Brücken zu unserem Gegenüber entwickeln sich aus der bewussten und nicht aus der automatisierten Kommunikation unseres Informationszeitalters. Den heutigen wirtschaftlichen Herausforderungen kann man nur mit unabhängigem Denken ohne Machtstreben erfolgreich begegnen. Dazu ist eine persönliche Kommunikation nötig, die die Kraft des menschlichen Geistes widerspiegelt, der sich nicht wie ein Computer programmieren lässt. Offene Kommunikation, die die Verantwortung des Einzelnen betont und auf Zuverlässigkeit, Vertrauen und partnerschaftlichem Verhalten aufbaut, kann erlernt werden, ganz gleich, auf welcher hierarchischen Ebene sich ein Mensch befindet. Wie Sokrates sagte: „Es siegt die Qualität der Argumente und nicht die Hierarchie des Senders."

Power in der Kommunikation ist vor allem eine Frage der Kraft der Persönlichkeit, eine Stärke, die jeder im Keim besitzt. Der Satz:

„Wenn ich will, kann ich es auch" ist wichtig für die Entfaltung der Persönlichkeit.

Eigenes Denken ist die Quelle kommunikativer Kompetenz

Wichtig: Ein Manager mit kommunikativer Kompetenz kann Spitzenerfolge erlangen. Es geht nicht um die Wiederholung einiger „einstudierter" Redewendungen. Erfolgsrelevant ist allein die Kraft des eigenen Denkens. Diese Kraft wird durch beharrliches Bemühen und durch Ausdauer erreichbar. Viele berufliche Misserfolge sind nur darauf zurückzuführen, dass Führungskräfte im entscheidenden Moment nicht in der Lage waren, überzeugend zu sagen, was sie meinten und wollten. An der Art der Kommunikation offenbart sich der ganze Charakter des Menschen. Missverständnisse auf Grund oberflächlicher, automatisierter Gespräche führen zu Misstrauen und sogar zu Verachtung. Die eigene Unzufriedenheit steigert sich, wenn aufgesetzte Floskeln das Denken unterdrücken und dem eigentlichen, persönlichen Ich das Selbstvertrauen rauben. Trotz guter Ideen fehlt dann meist der Mut zur Durchführung. Es lohnt die Mühe, sich auf eine persönliche Kommunikation einzulassen. Sie ist sowohl abhängig vom „was", dem Inhalt, wie auch vom „wie", der Art der Vermittlung.

Tief empfinden, weise denken

Die Befähigung zur persönlichen Kommunikation liegt im Zusammenwirken der tiefsten Empfindungen und einer weisen Art des Denkens. Die Philosophie der alten Griechen bietet eine Fülle von Anregungen, die sich sehr gut in der Praxis des Kommunikationstrainings verwerten lassen.

Anregungen aus der Antike

2

Wissen der Antike

1. Die Denkweise der alten Griechen . . 34

2. Von der Dialektik zum Streitgespräch 47

3. „Oppositionelle" Kommunikation im Alltag 48

4. „Ich-habe-Recht"-Kommunikation . 50

5. Pathos, Logos, Ethos in der Kommunikation 56

6. Der Sinn von ethischen Wertvorstellungen im Unternehmen 60

7. Einige ethische Richtlinien 64

1. Die Denkweise der alten Griechen

Der griechische Geist ist die Quelle der abendländischen Kultur

Die Wechselbeziehung zwischen Verstand, Gefühl und Ethik charakterisiert den griechischen Geist, der die Quelle der abendländischen Kultur ist. Die daraus entstandenen Widersprüche führten zu einer Unabhängigkeit des Geistes, die sich in der Weisheitslehre (Philosophie) der Griechen widerspiegelte.

Die pythagoreische Schule

Bahnbrechend war das Denken des Pythagoras (582–497 v. Chr.). Unter einem orphischen Einfluss wurde die Weltanschauung kontemplativ. Der Mystiker, Philosoph und Mathematiker unterschied drei Arten von Menschen, die an den Olympischen Spielen partizipierten:

- Diejenigen, die wegen der Geschäfte kamen
- Diejenigen, die sich an den Kämpfen beteiligten
- Die „Theoretiker" oder Philosophen

Die Gesetzmäßigkeiten des Geistes erkennen

Seiner Meinung nach verkörperte die erste Kategorie die niedrigste Stufe, denn der Mensch durfte unter keinen Umständen Sklave der Dinge werden. Die zweite Kategorie repräsentierte das Prinzip der körperlichen Kraft. Es war durchaus positiv, sich um die Gesundheit und Kraft des Körpers zu bemühen, doch ungleich wichtiger war es, die Gesetzmäßigkeiten des Geistes zu erkennen, denn die Form wird, nach Meinung des griechischen Philosophen, erst durch die Substanz belebt. Der Einklang zwischen Form und Substanz führte zur harmonischen Einheit: ein Gleichgewicht von Innen und Außen.

„Harmonie" wurde als das Zusammenbringen von Gegensätzen verstanden

Die mystische Grundbasis der pythagoreischen Schule bremste keineswegs die wissenschaftliche Suche. Die Entdeckung der Harmonielehre in der Musik dehnte sich auf das gesamte Weltbild aus. „Harmonie" wurde als das Zusammenführen von Gegensätzen verstanden. Die daraus entstammende Vorstellung vom Mittelwert ist in der Ethik und Persönlichkeitskunde heute noch gültig.

Universalprinzipien

Die musikalischen Entdeckungen des Pythagoras führten zu einer Beschäftigung mit den Zahlen. Um Zahlen darzustellen, wurden Kieselsteine aneinander gereiht. Das aus dem Lateinischen entlehnte Wort „Kalkulation" geht auf diesen Vorgang zurück und bedeutet ursprünglich „Rechnen mit Steinen". Seine deduktive Denkmethode, nach der man von einem offensichtlichen „wahren" Axiom Schritt für Schritt zu einer Schlussfolgerung zu gelangen versucht, führte zur Ideenlehre und der Suche nach Universalprinzipien.

Beispiel:

Wenn wir einen Menschen kennen lernen, nehmen wir zuerst ein Gesamtbild wahr. Dieses Gesamtbild beeinflusst die Bereitschaft, unsere Aufmerksamkeit auf Einzelheiten zu richten, die wir dann entsprechend unseres Gesamteindruckes deuten.

Wenn Mathematiker der Antike über abstrakte Thesen sprachen, ging es nicht um das sinnlich Erfühlbare, sondern um eine innere, geistige Vorstellung. Dies führte zu der Idee, dass die sinnlich wahrnehmbare Welt vergänglich sei und nur die geistig erfassbare Welt wirklich und vollkommen sein könne.

Jeder Wimpernschlag zählt

Wichtig: In der Kommunikation ist das Erkennen jeder kleinsten physiologischen Änderung relevant. Die unmittelbare Wahrnehmung durch die eigenen Sinne, unser Sehen, Hören, Riechen, Schmecken und Fühlen, schützt uns in der modernen Zeit vor der Blendung durch eine virtuell simulierte Wirklichkeit. Sich selbst wahrnehmen lässt uns unseren Empfindungen trauen. Die persönlichen Empfindungen sollten im Einklang mit dem Denken sein. Unordnung der sinnlichen Wahrnehmungen führt zur Verwirrung der Gefühle, die die geistige Kraft verschlingt.

Im heraklitischen Fluss

Hinter Gegensätzen verbirgt sich Einklang

Heraklit (um 500 v.Chr.) entwickelte den bahnbrechenden Gedanken, dass die reale Welt nur aus dem Gleichgewicht gegensätzlicher Strebungen bestehe. Hinter allen Gegensätzen verbirgt sich ein geheimer Einklang. Diesen Einklang zu verkörpern bedeutet, im Einklang mit der Welt zu sein.

Wichtig: Die beiden Gehirnhälften stehen in einem Tätigkeitsverhältnis der Gegenseitigkeit, d.h. sie sind derart vereint, dass die rechte Gehirnhemisphäre die linke belebt und die linke die rechte katalysiert. Der harmonische Ausgleich beider führt zu etwas Neuem. Die rechte Gehirnhemisphäre allein würde zu Mutmaßungen und willkürlichem Handeln führen. Durch das Zusammenwirken der beiden Gehirnhälften wird das Handeln erst zielbewusst.

Eigene Widersprüche auflösen

Ein Seite ohne die andere wäre überhaupt nicht effektiv. Deshalb sollten wir in der Kommunikation stets bestrebt sein, unsere eigenen Widersprüche aufzulösen, auch wenn der oft hektische berufliche Alltag diesen Gleichgewichtszustand stört. Wenn wir in unserer eigenen Mitte sind, können wir mit schwierigen Gesprächspartnern ganz anders umgehen. Wir erkennen die Nützlichkeit von gegensätzlichen Meinungen. Bleibt unser Gemüt ruhig und unser Denken klar, haben wir immer die äußeren Umstände im Griff.

Ein befruchtendes Element in destruktiver Kritik erkennen

Erfolgs-Tipp:

In der Rede oder Gegenrede unseres Gegenübers liegen Informationen, die vielleicht entscheidend zum Verständnis des ganzen Sachverhaltes beitragen können. Auch wenn unser Gesprächsgegenüber destruktive Kritik äußert, kann darin ein befruchtendes Element zu finden sein, das als Ergänzung, Anregung oder Warnung verstanden werden kann. Nervöse, innere Spannungen, die eventuell auftreten, dürfen in keinem Fall bemerkt werden.

Gegensätze als neue Anknüpfungspunkte

Wir sollten es uns zur Pflicht machen, bei jedem Gespräch die Verschiedenartigkeit der Menschen, sowohl in ihren intellektuellen Fähigkeiten als auch in ihren Empfindungen, anzuerkennen. Wir müssen uns darüber im Klaren sein, dass wir unberechtigterweise von anderen Menschen verlangen, dass sie so denken, sprechen und handeln wie wir selbst. Doch Gegensätze können uns auf neue Anknüpfungspunkte aufmerksam machen. Deshalb sollten wir stets gegnerische Äußerungen schätzen und Kritik nicht persönlich nehmen, sondern auf ihre sachliche Aussagen hin überdenken. Wortspalterei und alle Zwistigkeiten in unserem Umgang mit Menschen führen zu nichts.

Vom Matriarchat zum Patriarchat

Heraklit betont, dass Harmonie nicht offensichtlich, sondern verborgen ist. Da die Menschen nicht verstehen, wie Gegensätze übereinstimmen können, kommt es zu Kriegen. Obwohl Heraklit die Aussage „Der Krieg ist der Vater aller Dinge" gewiss nicht in einem real-militärischen Sinne verstand, sondern mit einer abstrakten Vorstellung verband, hatte sie Folgen. Denn in der Philosophie begann sich der rationale Verstand ganz allmählich gegenüber der Seele (Psyche) in den Vordergrund zu rücken. Die tragende, seelische Grundlage, auch als „weibliches Prinzip" bezeichnet, wird zunehmend von dem männlichen, dem patriarchalischen entzweit.

Über diesen dramatischen Umbruch vom Matriarchat zum Patriarchat kommentiert der bedeutende Kulturanthropologe Jean Gebser Folgendes: „Die fahrlässigen Propagandisten des Heraklitfragmentes ‚Der Krieg ist der Vater aller Dinge', also die machtlüsternen, vaterbesessenen Militaristen und Politiker, und selbst die von deren Mentalität infizierten Interpreten des Heraklitfragments kamen alle aus ihrer patriarchalischen Einseitigkeit heraus niemals auf den Gedanken, dass es sich bei jenen autoritären Sätzen des Heraklit um ein Bruchstück handeln könnte. Sie gaben, scheint es, sich noch nie Rechenschaft darüber, dass es, wie wohl alle Aussprüche des Heraklit, nur vollsinnig ist, wenn er durch den ergänzenden Pol vervollständigt wird ... Es ist symptomatisch, dass uns gerade dieses Bruchstück überliefert wurde. Denn jener Halbsatz ‚Der Krieg ist der Vater aller Dinge' dürfte in der oder jener Fassung einstmals durch einen anderen Halbsatz ergänzt gewesen sein, dessen Sinn sich vielleicht so ausdrücken ließe: ‚Der Friede ist die Mutter aller Dinge'. Und selbst wenn der ergänzende Satz in der oder jener Formulierung niemals von Heraklit geschrieben worden wäre, so hat er ihn doch schweigend deutlich ausgesprochen: Denn das Buch „Über die Natur", aus dem die uns bekannten Fragmente stammen, weihte Heraklit der Artemis von Ephesos, der „Großen Mutter", derselben, deren Bild einst Orest, um sich von den Erinnyen zu befreien und auf Apollons (!) Geheiß, aus dem Lande der Taurer nach Griechenland brachte."[10)]

Die Abhängigkeit der Krieger als Weltmarkteroberer

Achtung: Der Gedanke Heraklits, „Der Krieg ist der Vater aller Dinge", ist heute noch als ein mythologisches Vorstellungsbild in der Wirtschaft zu finden. Der Krieger wird zum Weltmarkteroberer, die Wirtschafts-Königreiche werden als herrschende Marktführer zu Leitbildern der Masse. Doch nach der Sicht der alten Griechen würde er als Sklave betrachtet werden, denn er schätzt Geld und Erfolg mehr als die innere Unabhängigkeit.

Den griechischen Helden und Managern heute fehlt die Innerlichkeit

Selbstverständlich gibt es bei der Allgemeinheit im antiken Griechenland die mythologische Vorstellung eines männlichen, ruhmreichen Helden, den wir oberflächlich mit dem Persönlichkeitsmodell der heutigen Wirtschaft vergleichen können. Heute hängt der berufliche Erfolg von Ehrgeiz, Risikobereitschaft und Handlungsorientierung ab. Unerschütterliches Selbstvertrauen und Beharrlichkeit und das Streben danach, eine Situation zu kontrollieren und nicht von ihr kontrolliert zu werden, führen zur Selbstmotivation. Ähnlich wie bei den griechischen Helden, kann eine tiefe Verinnerlichung zu langfristigen Erfolgen führen. So können die griechischen Philosophen helfen, diese selbstauferlegte Begrenzung zu überwinden.

Die griechischen Helden versinnbildlichten Charaktereigenschaften wie körperliche Stärke, Klugheit und Kraft und waren Beispiele für Leistungsfähigkeit, entschlossenes Handeln und Mut. Der kühne und listige Odysseus verkörpert den Typ eines männlichen Helden, der sich in einem „erhabenen" Pflichtgefühl in den Kampf begibt. Seine Vision des Sieges nach harten Kämpfen gegen Ungeheuer und nach der Überwindung von unzähligen Gefahren wird verwirklicht, und er erlangt Ruhm und Ehre auf Grund seiner physischen Kraft, seiner Einsatzbereitschaft und seines Durchhaltevermögens. Die Helden, Idole der „Vortrefflichkeit", benutzten auch Listen und faule Tricks. Die Helden waren wie Götter und die Götter waren die Helden, die nicht für allmächtig oder notwendigerweise für „gut" gehalten wurden. Doch diese Götter-Traditionen wurden bereits von den Pythagoreern, auf denen Heraklits Lehren basierten, abgelehnt.

„Alles fließt"

Heraklit verkündete eine für die heutige Wirtschaft noch relevante Theorie mit seinem berühmten Satz: „Alles fließt". Diese Idee führte zu der Vorstellung Platons, alles Leben sei im Werden, also ständiger Veränderung unterworfen.

Die Auffassung vom ständigen Wechsel oder Wandel, wie Heraklit mit seinem Beispiel des Flusses versinnbildlicht, gibt einen entscheidenden Hinweis auf das, was bei der Kommunikation zu beachten ist.

Sich von vorgefassten Meinungen befreien

Beispiel:

Bevor wir ein Gespräch beginnen, haben wir meistens eine vorgefasste Einstellung und Meinung. Übertragen wir Heraklits Bild des sich ständig wandelnden Flusses auf unsere kommunikative Situation, dann sollte derjenige, der sich dieses Inhaltes bewusst ist, nicht mehr einer vorgefassten Meinung anhängen, sondern die Fähigkeit erlernen, trotz eigener Standpunkte auf die diversen Aussagen und Meinungen des Gesprächsgegenübers in dem Sinne zu reagieren, dass er sie als Bestandteile dieses Flusses erkennt und akzeptiert.

So befähigt er sich, seinen Begrenzungen zu entgehen und sich trotz eigener Meinungen das Wissen des anderen anzueignen. Außerdem wird er mit diesem Hintergrund fähig, zunächst starre Positionen nicht als Aggression oder Dominanz aufzufassen, sondern ist sich bewusst, dass es sich hierbei nur um kleinere oder größere Strudel innerhalb des Flusses handelt.

Aggression ist nur ein Strudel im Fluss

Betrachten wir denselben Fluss in seinen unterschiedlichen Erscheinungsformen, mal mit seichtem, langsamen Lauf, das Wasser warm, ein anderes Mal angeschwollen, mit starker, schneller Strömung, wild aufgewühlt gegen jeden Widerstand ankämpfend, so bleibt es dennoch der gleiche Fluss. Deshalb müssen wir, nach Heraklit, achtsam sein, denn: „Auge und Ohr sind für die Menschen schlechte Zeugen, wenn sie kein feines Seelenleben haben." Die Gefühlsverfassung unseres Gesprächspartners kann sich jederzeit verändern, auch das Gesprächsthema. Manchmal scheint es belanglos, ein anderes Mal kann sich daraus eine bedrohliche Situation ergeben, die zu eiskalten Verhandlungen führt.

Gelassenheit gegenüber den ständigen Wechseln

Erfolgs-Tipp:

Wir sollten eine innere Unabhängigkeit und Gelassenheit gegenüber den ständigen Wechseln und dem Auf und Ab der täglichen Ereignisse anstreben. Ruhen wir in unserer Mitte, wird unsere Art der Kommunikation niemals von außen nachteilig beeinflusst, trotz der vielfältigen Tätigkeiten, die jeder Tag von uns verlangt.

Das heißt, wenn wir kommunizieren, ist die Situation stets eine neue, und von uns wird vollkommene Unvoreingenommenheit verlangt, um die Wandlungen, die sich inzwischen vollzogen haben, wahrnehmen zu können. Deshalb ist es wichtig, den anderen erst anzuhören, so dass wir die Möglichkeit haben, Änderungen, die nicht sofort ins Auge springen, zu erspüren. Denn nach Heraklit haben alle Menschen teil an der Fähigkeit, sich selbst zu erkennen und zu denken.

Widersprüche haben die gleiche Ausgangsbasis

Eine bewusstere Kommunikation kann durch die Übertragung eines anderen Gedankens des Heraklit erlernt werden: „Der Weg hinauf und der Weg hinab ist ein und derselbe." Scheinbare Widersprüche haben grundsätzlich die gleiche Ausgangsbasis. Hier geht es nicht um eine qualitative Unterscheidung, die den einen Weg besser als den anderen erscheinen lässt, sondern darum, dass es die Seite ohne die andere gar nicht gibt: Einen Weg hinaufzugehen ist undenkbar ohne die Vorstellung, ihn auch wieder hinunterzugehen. Wollen wir das Erste nicht, so fällt auch das Zweite weg.

Widersprüche als Wissensbereicherung

Erfolgs-Tipp:

Erkennen wir Widersprüche als notwendige Bestandteile unserer Kommunikation, können wir das besprochene Thema sowie die kommunikative Situation vollständiger erfassen. Unser Wissen wird erweitert.

Es geht bei Heraklit nicht um eine endlose Aneinanderreihung von so genannten Fakten, sondern um das Erkennen eines Universalprinzips oder einer Grundformel. Die Sophisten hatten eine gegensätzliche Einstellung und hielten nur das „Nützliche" für wertvoll. Mit seiner rein pragmatischen Sicht machte Protagoras den „Menschen zum Maß aller Dinge".

Eristik: Unter allen Umständen gewinnen

Die wandernden Sophisten waren unter anderem auch Rhetoriklehrer und Lehrer der Eristik. Bei der Eristik ging es um die „Kunst", Inhalte so weit verdrehen und verzerren zu können, dass auch das Niederträchtige als etwas Gutes erschien. Ziel war, unter allen Umstände zu gewinnen. Es ging nicht, wie bei der Dialektik, um die Wahrheitsfindung, da jeder seine eigene Meinung für die Richtige hielt. Gerechtigkeit wurde somit von Thrasymachos nach dem Prinzip: „Der Stärkere gewinnt" gemessen. Diese Wortstreit-Methode mit ihren trickreichen und cleveren Taktiken, bei denen es überhaupt nicht um Erkenntnis ging, ist noch in unserer Zeit weit verbreitet.

Sokratische Gesprächsführung

Nach Sokrates führt Wissen zum Guten

Ganz anders war die Intention des Sokrates (470–399 v. Chr.), dessen Hauptinteresse dem „Guten" galt. Er begründete eine Lehre des Gewissens (Erkenne dich selbst), und war der Ansicht, dass Sünde auf mangelnde Erkenntnisse zurückzuführen sei. Aus der Unkenntnis erwächst das Negative. Wissen führt zum Guten. Nicht oberflächliches, faktisches Wissen zählt, sondern tiefes Verstehen und Erfassen.

Mit der „Hebammenkunst" zur Wahrheit

Mit seiner induktiven Methode des Erkennens versuchte Sokrates, ethische Fragen durch Gespräche zu ergründen. Diese Methode wurde von ihm „Mäeutik", Hebammenkunst, genannt. Heute heißt dies Dialektik. Dialektik bedeutet auf Griechisch ursprünglich „Zwiegespräch oder Unterredung" und beruht vor allem auf Frage- und Antworttechniken. Ziel der Dialektik war es, gehaltreiche Gedanken hervorzubringen. Die induktive Methode schließt vom Besonderen auf das Allgemeine. Aus verschiedenen verwandten Einzelfällen oder einer Reihe gleich gearteter Dinge soll sich eine allgemeine Wahrheit herauskristallisieren. Dieses induktive Kommunikationsverfahren wurde zum wissenschaftlichen Nachforschen sowie zur Bestimmung der Moral, des Wahren und des Guten angewendet. Fragen galten in der Antike vor allem der Suche nach der Einheit, einer tieferen Wahrheit, einem Verständnis des Menschen und der Erforschung des Kosmos. Die griechische Tradition des kritischen Denkens versuchte, die Welt und die Dinge der Welt zu begreifen.

Ich weiß, dass ich nichts weiß (Sokrates)

In Platons „Apologien des Sokrates" erfahren wir, dass Sokrates, nachdem er vor allem wegen seiner feindlichen Einstellung zur Staatsreligion angeklagt wurde, einem der Kläger, der darauf hinwies, dass die Delphischen Orakel ihn, Sokrates, für den weisesten Mann hielten, Folgendes erwiderte: Er habe überall nach dem Weisen gesucht, bis er schließlich verstanden hätte, was mit dem Ausspruch des Orakels gemeint sei: „Meiner Meinung nach ist Gott allein wahrhaft weise und durch diesen Orakelspruch hat er nur anzeigen wollen, wie gering und unbedeutsam die menschliche

Weisheit sei. Indem er mich einen Weisen nennt, will er nur so viel sagen: ‚Der, o Mensch, ist der Weiseste, der wie Sokrates erkennt, wie nichtig seine Weisheit ist.' So habe er seine Zeit verbracht durch Bloßstellung aller Weisheitsansprüche."[11)]

Da Sokrates nie etwas niederschrieb, hielt Platon (427 – 347) seine Lehren in seinen Dialogen fest, so dass es manchmal schwierig ist, zwischen Platons Ideen und denen, die von Sokrates stammen, zu unterschieden.

Die platonische Ideen- und Staatslehre

Platons Ideenlehre dient der Erkenntnis der Universalprinzipien

Platons Denken hatte einen starken Einfluss auf das abendländische Denken. Seine Ideenlehre, in der er die wahre Welt als eine Welt der Ideen sah, diente der Erkenntnis der Universalprinzipien. Alle wahrnehmbaren Dinge waren Abbilder der perfekten Idee des Schönen und Guten. Metaphern wurden angewandt, um Paradoxe aufzuhellen. In ihrer Mehrdeutigkeit regten diese Paradoxe zu einer tieferen Sicht der Dinge an.

Philosophische Tyrannei

Platons Idee vom idealen Staat sollten wir jedoch kritisch betrachten: In dem von einem Philosophen beherrschten Staat sollte jeder seine Aufgabe in einer harmonischen Zusammenarbeit erfüllen. Die Regierung behielt sich das Vorrecht, im Namen der öffentlichen Interessen zu lügen. Der Druck des Gemeinsinns in Platons Staatsmaschine ließ die Individualität verschwinden, und eliminierte die persönliche Verantwortung.

Verantwortungsbewusstsein konnte in einem solch utopischen System niemals entwickelt werden, da eine selbstverantwortliche Ausübung des unabhängigen Denkens und Handelns nicht erlaubt war. Jeder Bereich des Lebens war vorgezeichnet.

Gemeinschaftsstrukturen können ehrliche Kommunikation verhindern

Wichtig: In der heutigen Welt kann dieses Beispiel uns anregen, über die Gemeinschaft als Falle nachzudenken. Innovative Denker als Triebkraft für ein Unternehmen sind unentbehrlich, und Gemeinschaftsstrukturen können mit ihrem dichten Netz von Abhängigkeiten sogar effektive und ehrliche Kommunikation verhindern.

Konformität des kommunikativen Verhaltens bringt Heuchelei hervor, so dass alle scheinbaren ethischen Maßstäbe zu ideologischen Worthülsen werden.

Platon war der Lehrer des Aristoteles (384–322 v. Chr.), der zu seinem ersten Kritiker wurde. Die Ideenlehre Platons wurde von ihm abgelehnt. Das Wort „gut" bedeutete für ihn etwas anderes und wird auch in Verbindung mit Gottes „Güte" gebracht. Für Aristoteles ist Gott ein unpersönliches, absolutes Wesen – ein bewegungsloser Beweger – der, nachdem er die Welt in Bewegung gesetzt hat, aufhört, an ihr teilzunehmen.

Bei Aristoteles gibt es keine Paradoxe, sondern nur eine Wahrheit

Sein größter Beitrag ist die Begründung der analytischen Grundlagen der Logik. Die Gesetze der aristotelischen Logik lassen alle scheinbar paradoxen Bilder mit ihren Entweder-oder-Alternativen verschwinden. Es gibt nur eine Wahrheit.

Die zu Grunde liegende Art der Beweisführung ist der Syllogismus, in dem aus zwei Prämissen ein einfacher Schluss abgeleitet wird. Das Problem ist, dass die Prämissen nicht stimmen müssen, und wahre Schlüsse aus falschen Prämissen entstehen können. Ferner führen manche Prämissen zur ersten Prämisse zurück, wie z. B. Folgende: „Alle Menschen sind sterblich. Sokrates ist ein Mensch, also ist Sokrates sterblich." Obwohl diese Technik nicht tragfähig war, wurde sie bis ins 19. Jahrhundert als anerkannte Methode der Beweisführung praktiziert.

Das Lustprinzip

Epikur (341–270 v. Chr.) erhob die Lust zum höchsten Ziel, die Lust des Körpers und des Geistes. Epikur ging es nicht um Triebbefriedigung, sondern der Mensch sollte das Objekt seiner Lust vernünftig wählen. Ziel war es, den inneren Frieden trotz aller körperlicher Leiden und anderer körperlicher Zwänge zu erlangen.

Obwohl Epikur die innere Unabhängigkeit des Geistes forderte, war Freundschaft für ihn die höchste Verkörperung von Lust. Im Sinne dieser Unabhängigkeit versuchte Epikur, den Menschen vom Bedürfnis nach Gottesfurcht zu befreien. Da die große Mehrheit der Menschen damals an Götter glaubte und es keine Kirche gab, die Dogmen über Moral und Unmoral aufstellte, wollte Epikur den leisen Ton der Furcht, der sich hinter jedem Gefühl der Ehrfurcht verbirgt, beleuchten. Die Persönlichkeitsentwicklung des Individuums verlangte, dass es sich vor der Verehrung von Autoritäten hütete, da die meisten Autoritäten nur aus der Distanz eine Wirkungskraft auf den Menschen hätten.

Beispiel:

Wirtschaftshelden von heute

Die Wirtschaftshelden heute werden meist berühmt, weil sie bekannt sind, nicht auf Grund irgendwelcher inneren Werte. Der „hartnäckigste" Verhandlungspartner hat „superkolossale Erfolge" erzielt und lebt mit einer „Barbie-Doll-Celebrity" zusammen. Sie sind „in", weil die Massenmedien sie zu Pseudo-Berühmtheiten gemacht haben. Wenn man innerlich haltlos ist, hat der Ruhm ungünstige Auswirkungen auf den Charakter und verflacht die Lebensweise in jedem Bereich. Doch das Vakuum der Persönlichkeit oder moralische Verderbnis sind weniger wichtig als die Namen.

Autosuggestive Verblendung

Eine der Überschriften in Faith Popcorns Buch „Clicking" bestätigt diese Denkweise der Gegenwart: „Der richtige Name: Wenn jeder Ihren Namen kennt, haben Sie es geschafft."[12)] Hier spricht sie zwar eher von Namensveränderungen, doch geht es im Kern um dasselbe: äußere Berühmtheit ist nicht dasselbe wie Persönlichkeit. Die Vernachlässigung der eigenen Seele führt zur Stumpfsinnigkeit des Denkens, und sie können trotz ihres Ruhmes der Gesellschaft wenig von Nutzen sein. Berühmtheit ohne Innerlichkeit führt zu einer endlosen Abhängigkeit von den Medien, die den „Helden" erschaffen haben. Statt innerer Werte steht die Vermarktung im Vordergrund. Die „Seelenqualität" ist vollkommen irrelevant.

Zurück zu den alten Griechen. Wie erwähnt, ging es bei Epikur um die Entwicklung des Menschen zur inneren Freiheit.

Die ganzheitliche Verbindung von Links- und Rechtshirn begann sich zunehmend in ein einseitiges, rationales Bewusstsein zu verwandeln. Die Denkweise der alten Griechen beruhte auf einer leidenschaftlichen Suche nach Erkenntnis. Platon sah den Anfang aller Philosophie im „Sich-Wundern".

Der Verstand bedrängt die Seele

Mit Plotin (204–270 n. Chr.), dem Begründer des Neuplatonismus, tritt eine Entwicklungszäsur ein. Der Mystizimus, der bereits bei den Pythagoreern eine Rolle spielte, erlangte zentrale Wichtigkeit. Plotins höchstes Ziel war es, sich in der Ekstase mit dem unbeschreiblichen Göttlichen zu vereinen, aus dem Geist, Seele und Materie hervorgehen. Die Schranken des Schweigens weisen auf den Unterschied zwischen Plotins Lehre und der bisherigen griechischen Tradition hin. Zuvor äußerte sich das Gute und die Ethik im Mut zur uneigennützigen Suche nach der Wahrheit, die mitgeteilt werden sollte, so dass auch der Sprachkunst eine große Wichtigkeit beigemessen wurde. Ferner spielte der Intellekt – vor allem bei Aristoteles – eine größere Rolle. Dies führte zu größerer Autonomie. Doch je mehr der autonome, intellektuelle Mensch an Bedeutung gewann, desto mehr trat die Seele in den Hintergrund. Die Seele, die „mythisch" in Bildern sprach, zog sich zunehmend zurück.

Eine im Menschen beinahe göttliche innewohnende Kraft

Plotin besann sich wieder auf die Stärke der Seele. Seiner Meinung nach verbirgt sich im Menschen eine höhere Ebene des Seins, die ihn mit dem Göttlichen verbindet. Dort offenbarte sich der Schlüssel zu einer unendlichen Kraft. Plotin erkennt das, was wir heute als das „höhere Selbst" des Menschen bezeichnen, mit ihrer nahezu „göttlichen" innewohnenden Kraft.

Das Streben der alten Griechen nach der Befreiung des Geistes aus Unkenntnis hatte einen starken Einfluss auf das abendländische Denken, und die Dialektik wurde zum Vorbild kommunikativer Praktiken.

Nach diesem kurzen Diskurs in die Antike werden wir nun auf das Streitgespräch und die Richtungsänderung, die es in der heutigen Zeit vollzogen hat, eingehen.

2. Von der Dialektik zum Streitgespräch

Debatte
Der geschwätzige Regen
betont seine Meinung
mit wechselnder Überzeugungskraft.
Das Ahornblatt spreizt die Finger
bei seiner Beweisführung.
Die Birke stimmt dem Vorredner Beifall.
Das Gras feilt das Manuskript aus,
bevor es das Wort ergreift.
Der angeregten Debatte
folge ich wie ein Diensthirsch,
an der Tür horchend.

(Ragnar Edvardson)[13]

Das Streitgespräch: eine Methodik zur Wahrheitsfindung

So wie für Sokrates war auch für Augustinus (354–430 n. Chr.) das Streitgespräch eine Methode zur Wahrheitsfindung. Doch diese „Wahrheiten", über die gestritten wurde, waren natürlich nicht objektiv nachweisbar. Denn es ging oft um abstrakte Ideen und Fragen der Religion. Das Rechte und Falsche, die Frage nach der Wahrheit sollten im „disputio" bestimmt werden.

Wichtig: Die Fertigkeit, ein anderes Gedankengut schnell aufzunehmen und in eine Beziehung zu den eigenen Gedanken zu bringen, kann durch das Erlernen dieser induktiven Methode beträchtlich gesteigert werden. Sie kann dazu verhelfen, dass Gespräche nicht nur vorgefasste Meinungen wiedergeben, sondern in die Tiefe gehen.

Es geht um den Menschen und nicht nur um das Thema

Diese überlieferte Methode birgt jedoch eine Gefahr in sich. Ausschließlich basierend auf einer strengen Logik, fällen wir Urteile und ordnen Gedanken in feste Kategorien ein. Dieses Kategorisieren erstickt eine fließende, kreative Denkweise. Das Abstrakte wird oft zur objektiven Realität erklärt. Oft steht das Thema und nicht der Mensch im Vordergrund, der in seiner subjektiven Mehrdimensionalität wahrgenommen werden könnte. Die Frage nach dem

Subjektiven, nach der situativen Auslegung der Wahrnehmung wird vernachlässigt.

Bereits im Wort „Streitgespräch" wird deutlich, dass es viel mehr um „Streiten" geht als um einen Gedankenaustausch.

Ziel der Debatte ist meist zu überreden, zu „schlagen"

Das Streitgespräch, die Polemik und Konfrontation werden zu wichtigen Kommunikationstechniken, die wir heute tagtäglich erleben, doch in unserer Zeit steht dabei die Suche nach der Wahrheit und das Erlangen wissenschaftlicher Erkenntnis nicht mehr im Vordergrund. Meist will der Gesprächspartner den anderen, egal mit welchen Mitteln, „schlagen". Von dem Verb „battere" = schlagen, welches wir im Wort „Debatte" finden, leiten sich etliche militärische Ausdrücke ab (Bataillon, Bataille und Batterie). Dies verrät viel über die tieferen Absichten bei einer Debatte. Der Gesprächspartner „battiert" wie ein Fechter; er will dem Gegner die Klinge aus der Hand schlagen. Dieser Kommunikationsstil mit seinen gerissenen Äußerungen und Wortfechtereien ist heute noch in der Politik weit verbreitet. Meistens hat jeder Gesprächspartner seine Position bereits festgelegt und versucht nun, den anderen zu überzeugen. Kommunikationsziel ist, zu überreden, zu „schlagen".

Diese Art der Kommunikation hat einen ausgeprägten Stellenwert in unserer Gesellschaft. Sie ist im politischen, wirtschaftlichen, kulturellen sowie privaten Leben eine der wesentlichen Ausdrucksformen. Es geht weder um eine Wissenssteigerung noch um Erkenntnis, sondern ums „Gewinnen."

3. „Oppositionelle" Kommunikation im Alltag

Das „Gegeneinander" in der Kommunikation

Beobachten Sie doch bei der nächsten politischen Fernsehdebatte, wie scheinbar objektive Standpunkte oft unsachlich und abstrakt dargestellt werden. Emotional geladene, persönliche Angriffe führen zu einem „Gegeneinander", denn ein solcher argumentativer Gesprächsstil stellt eine „oppositionelle" Form der Kommunikation dar. Die innere Haltung ist „Ich habe Recht" und „Du hast Unrecht". Sogar in ganz alltäglichen Situationen werden Sie immer wieder diese Mentalität feststellen können.

Szene:

Geschmacksfrage

Hildegard, die neue Lektoratsassistentin des Illustrierten-Verlages, lächelt, als Matthias, verantwortlich für Öffentlichkeitsarbeit, ihr ein neongrünes Buch auf den Tisch legt. „Würden Sie dem Chef dieses Buch überreichen?"

Hildegard lächelt ihn an: „Man könnte das Büro in solch einem Grünton streichen lassen, das wäre doch wunderschön!"

„Dann würde ich den Raum nur noch mit verbundenen Augen betreten. Mir gefiel Grün noch nie! Ich habe übrigens gehört, dass Sie einige Jahre in den USA gelebt haben. Na ja, dort liebt man solche grellen Farben!" erwiderte er.

Matthias äußert seinen Standpunkt, der im Widerspruch zu Hildegards Aussage steht. Das „Ich" steht sofort im Vordergrund. Seine Aussage beinhaltet eine Wertung, aber Farbvorlieben sind Geschmackssache und individuell verschieden.

Genauso neigen viele Menschen in Bezug auf ihre Essgewohnheiten dazu, den oppositionellen Stil anzuwenden.

Antonia, Sachbearbeiterin der EDV-Abteilung eines Stahlkonzerns, geht mittags zur Kantine und ist begeistert, ein vegetarisches Gericht vorzufinden. Sie äußerte sich gegenüber Andrea: „Toll! Ich esse am liebsten Gemüse!" Andrea schüttelt den Kopf: „Ich esse lieber Fleisch!"

Meinungen über individuelle Geschmacksfragen werden oft so geäußert, als ginge es um einen alleinig richtigen Standpunkt. Manchmal spüren wir sogar die Missbilligung des anderen, der seine Meinung für die „bessere" hält.

Gemeinsamkeiten statt Unterschiede hervorheben

Maßgeblich ist das mangelnde Interesse am Gesprächsgegenüber. Anstatt sich ausführlicher über die Meinung des anderen zu erkundigen, wie z. B: „Haben Sie schon einmal einen Raum in einem solchen Grünton gesehen?", oder „Welches Gemüse essen Sie am liebsten?", neigen wir dazu, das Schwergewicht auf unseren Standpunkt zu legen. Wir erzeugen somit eine Stimmung, die Unterschiede statt Verbindlichkeiten hervorhebt. Wenn jemand sagt: „Ich esse gerne Bananen!" und der andere: „Ich überhaupt nicht!" hat keiner Recht. Keine Aussage ist richtiger als die andere. Wir könnten die Aussage des Gegenübers als Information verstehen, die uns hilft, den anderen besser wahrzunehmen. Weitere Fragen können uns eventuell nützliche Informationen vermitteln.

Ich-Stil vermeiden

Erfolgs-Tipp:

- Reduzieren Sie den Gebrauch des Wortes „Ich". Achten Sie stattdessen mehr auf das „Sie" oder „du". Die belanglosesten „Smalltalk"-Gespräche können uns wertvolle Hinweise über das Wesen des Gegenübers vermitteln.
- Je mehr „Jas", d. h. übereinstimmende Aussagen, vor einer wichtigen Diskussion geäußert werden, desto eher sind wir bereit, bei entscheidenden Fragen auch bejahend zu sein. Das Hervorheben von Unterschieden steigert den gefühlsmäßigen Abstand. Oppositionelle Kommunikation, besonders zu Beginn eines Gespräches, erzeugt eine Stimmung, die manchmal nicht mehr wieder gutzumachen ist.

4. „Ich-Habe-Recht"-Kommunikation

Szene:

Hermann B., Redakteur einer Illustrierten, hebt seine Augenbrauen: „Lieber Bernd, du bist offensichtlich betriebsblind. Dieses Manuskript kannst du dir an den Hut stecken! Wo ist die ‚Action'? Die Leser sollen doch in einem Erlebnisstrudel gehalten werden! Diese langweiligen Beschreibungen! Das ist keine Geschichte, das ist ein Witz." In einem sportlich-eleganten Anzug, mit offenem Hemdkragen, sitzt er zurückgelehnt in seinem Sessel und mustert Bernd, seinen Partner, mit selbstzufriedenem Lächeln.

Bernd bleibt wie angewurzelt stehen: „Du bist heute schlecht aufgelegt, oder? Beleidigen brauchst du mich nicht! Logischerweise muss der Autor die Szene am Anfang erstmal beschreiben. Und logisch kann der Autor sich auch einmal getrost erlauben, einen interessanten Stoff mit Qualität darzustellen. Nicht immer dieselben saublöden Geschichten für Menschen, die höchstens einen Intelligenzquotienten von 80 haben.“

„Was heißt hier logisch! Was soll dieses lächerliche ‚logisch'! Es fehlt der dramatische Höhepunkt.“ Hermann B.'s Erwiderung besteht nur aus einer Geste der Ablehnung.

„Deine Reaktion ist für mich unbegreiflich.“

„Du bist wohl sehr naiv zu meinen, eine Geschichte mit so vielen Rückbezügen würde einen Leser auch nur annähernd fesseln. Der Text ist schlecht, du hast keine Ahnung. Du kennst dich leider in der Branche zu wenig aus und willst mir mit meiner langjährigen Erfahrung noch einen Vortrag halten! Ich werde keine weitere Minute meiner wertvollen Zeit damit vergeuden, über diesen lächerlichen Text zu diskutieren. Ich möchte eine Geschichte mit einem treffenden, knappen Text veröffentlichen. Verstanden?“

„Ich bestimme, was richtig ist.“

Tatsächlich hat Hermann B. nur eine Seite der Geschichte gelesen. Er will allein bestimmen, bisher hatte er immer seinem Instinkt vertraut und publikumswirksame Fortsetzungsstories veröffentlicht, deren Erfolg gesichert war, und bisher hatten seine illustrierten Magazine immer für Sensationen gesorgt.

Bernd hatte im letzten Jahr einen „Stoff“ angeboten, den er gegen besseres Wissen angenommen hatte. Heute erkennt Hermann B., dass es ein auflagehemmender Missgriff gewesen war. Dabei hat er vollkommen vergessen, dass Bernd noch vor sechs Monaten eine Story vorgelegt hatte, die entgegen Hermann B.'s Prognosen die Verkaufsziffern gewaltig gesteigert hatte.

Hermann B. wird die Meinungen Bernds weder gutheißen noch sich selbst zu Eigen machen. Das muss auch nicht sein, aber es geht darum, trotz aller kommunikativer Unterschiede einen Grundkonsens im „Menschsein“ zu erlangen. Würden beide ihre Unterschiedlichkeit akzeptieren, könnten sie den Konflikt ganz anders angehen. Stattdessen wird Zeit und Energie in einem sinnlosen Gerangel um den „richtigen Standpunkt" vergeudet, obwohl die Diskussion noch nicht einmal sachlich fundiert ist, denn Hermann B. hatte die Story kaum angeschaut.

Wir können intellektuell gewinnen, aber emotional verlieren

Das Ziel ist nicht, die eigene Position gegenüber einem anderen Standpunkt zu verteidigen. Die Energie, die in einen Angriff auf sein Gegenüber investiert wird, ist kein „added-value". Die sich steigernden sprachlichen Verletzungen verringern immer mehr die Möglichkeit, den anderen zu verstehen. Mangelnde Flexibilität reduziert die gemeinsame Kreativität.

Es wird uns meistens im Laufe eines „Ich-habe-Recht"-Gespräches klar, dass wir intellektuell gewinnen, aber emotional verlieren können.

Erfolgs-Tipp:

- Im Verlaufe einer Diskussion sollten wir uns immer wieder die Fragen stellen: „Kann diese Kommunikation zu einem sinnvollen Ergebnis führen? Lohnt sie sich? Wird dabei für mich, für mein Gegenüber oder für andere wirklich etwas Nützliches herauskommen? Was würde stattdessen ein ermutigender, stimulierender und inspirierender Gedankenaustausch bewirken?"
- Oft beginnen wir ein Gespräch mit der inneren Einstellung: „Ich weiß die Antwort." Da kein Meinungsaustausch folgen kann, erfahren wir auch nichts Neues, und es gibt nichts zu entdecken.
- Meinungsaustausch beginnt, wenn wir uns immer wieder von der Thematik distanzieren und uns auch mit den Vorstellungen und Gefühlen, die den Standpunkt des anderen geprägt haben, beschäftigen. Welche Weltsicht und welches Eigenbild stehen dahinter? Gibt es Gemeinsamkeiten, die eventuell in diesem speziellen Konflikt untergehen?

Wenn jemand Widerstand auf der „scheinbaren" Verstandesebene leistet, sollten wir uns vor Augen halten, dass ein emotionaler Widerspruch vorliegen kann. Widerstand, Ärger und Rückzug können sogar ein inneres Bedürfnis nach Nähe und Anerkennung tarnen, welches dieser Mensch nicht zulässt. Sollten Sie so etwas erahnen, ist es möglich, durch die Art Ihrer Kommunikation dem anderen ein grundlegendes Gefühl des Akzeptiertseins zu vermitteln, das keine Forderungen stellt.

Widerstand und Ärger: getarntes Bedürfnis nach Nähe

Wir sollten uns klarmachen, wie sinnlos es ist, unsere Meinung dem anderen aufzuzwingen. Unser Verhalten bestimmt die Reaktion unseres Gegenübers. Wenn wir meinen, uns vor einem verbalen Angriff schützen zu müssen, erleben wir den anderen als Feind. Wir fühlen uns isoliert und nicht verstanden. In einem Streitgespräch über eine Konfliktsituation verspannen wir uns meistens, da wir gewinnen wollen und Angst haben, etwas zu verlieren. Die Stimmung leidet, jeder fühlt sich ein wenig schuldig. Die Energie, die jeder braucht, um zu einem kreativen Ergebnis zu gelangen, ist eingeschränkt. Jeder fragt sich, wer die Schuld trägt, und zumindest einer zieht sich zurück.

Um eine Konfliktsituation entspannen zu können, müssen wir als Erstes ruhig und genau beobachten. Wir haben alle schon erfahren, dass die Worte unseres Gegenübers das Gegenteil von dem ausdrücken können, was wir meinen zu erspüren. Spricht ein neidischer Mensch mit süßlicher Stimme das größte Lob aus, so kommt durch den Gesichtsausdruck und die Redensart allmählich sein Innenleben zum Vorschein.

Worte können das Gegenteil von dem, was wir erspüren, ausdrücken

Das Gesicht eines zornigen Menschen könnte sich z. B. röten, die Adern anschwellen, oder der Ausdruck der Augen stimmt nicht mit dem Lächeln überein. Es ist nicht möglich, unser Gegenüber nur nach einzelnen Eindrücken einzuschätzen. Feine Beobachtung ist notwendig, um festzustellen, ob die Worte mit allem, was uns sonst vermittelt wird, im Einklang stehen.

Feine Beobachtung ist notwendig

Wie vor heuchlerischen Absichten schützen?

Bleiben wir in unserer inneren Mitte, ist es nicht mehr nötig, aggressiv oder ärgerlich zu reagieren. Dafür besitzen wir die Fähigkeit, unsere Äußerungen treffender auszuwählen. Sollte es sich um jemanden handeln, der uns zu täuschen beabsichtigt, dann können wir die Verwirklichung der Absichten des anderen sogar verhindern. Meistens neigen Menschen dazu, sich in einem solchen Konflikt vom anderen abzugrenzen. Der Kommunikationsfluss wird unterbrochen. Stattdessen können wir unsere Wahrnehmung des anderen „dehnen", indem wir ihm gegenüber bewusst eine Art von Verbundenheit erzeugen, trotz unserer negativen Empfindungseindrücke. Wenn wir Angst haben, ziehen wir uns innerlich zusammen, und wenn wir diese Angst erkennbar werden lassen, fühlt sich der andere uns gegenüber überlegen. Bleiben wir gelassen, wird sich unser Gesprächspartner bewogen fühlen, seine Anschauungen deutlicher zu vermitteln. Diese Informationen können uns eventuell vor heuchlerischen Absichten schützen. Ferner wird sich der uns nicht Wohlgesonnene infolge unseres angenehmen und duldsamen Verhaltens nicht überlegen fühlen. Aus dieser Gesprächssituation heraus können wir ihm unsere Anschauung in Gelassenheit und Stärke mitteilen, so dass unsere Haltung als Entgegenkommen erscheint. Dadurch wird es dem anderen möglich, in seiner Anschauung unserer Ansicht näher zu kommen.

Verlegenheit führt zu Unterlegenheit

Die geringste innere Unsicherheit, die durch einen leichten Anflug von Angst hervortritt, kann die Gedanken bremsen, denn Verlegenheit führt zu Unterlegenheit.

Die richtige Einschätzung

Oft ist die innere Befangenheit durch die Angst vor der eigenen Meinung entstanden. Ohne dass sie selbst denken, blendet „Konsens"- Denken viele Menschen derartig, dass sie innerlich verunsichert sind. Wird sich der Mensch seiner selbst bewusst, transformiert er diese Angst. Der „Denkende" braucht keine Identifikationskrücken mehr, wie Vorurteile oder vorgefasste Meinungen. Er ist immer im Hier und Jetzt, ein ruhiger Betrachter, der Menschen und Situationen so wahrnimmt, dass er keine Gefahr unter- oder überschätzt. Nachdem er versucht hat, das Gesamtbild zu überschauen, überlegt er, wie er am besten handeln kann. Er tut dies energisch und in dem Wissen, dass er verantwortlich ist für das, was er wirklich denkt und fühlt.

Erfolgs-Tipp:

Achten Sie darauf, den Selbstwert des anderen nicht zu verletzen. Sie können bei einem speziellen Thema eventuell Recht haben, aber durch das Beharren auf Ihrer Position etwas Wertvolleres verpassen. Sie haben dann weder auf der Ebene der Wissenserweiterung noch auf der menschlichen Ebene etwas gewonnen.

Die Macht der Ausgeglichenheit

Jedes zerstörerische Gefühl und jeder aggressive Gedanke sollte von Ihnen bereits im Keim erstickt werden. Eine emotionale Balance eröffnet unendlich mehr Chancen und Möglichkeiten. Wahre Macht muss nicht bewiesen werden, sondern wird erst durch die souveräne Ausgeglichenheit des Wesens glaubwürdig. Sobald wir in der Lage sind, uns als Teil eines riesigen Organismus zu erleben, in dem jede Zelle von der anderen abhängt und alles einander beeinflusst, werden wir uns nicht mehr als von den anderen „abgetrennt" erfahren. Die schöpferische Dimension unseres Mitmenschen, die uns durchaus nützlich sein kann, wird aktiviert, indem wir aufhören, uns an unsere Position zu klammern. Dies bedeutet keineswegs, schwach zu sein oder ein Zugeständnis zu machen. Doch wenn wir uns auf etwas Verbindendes statt nur auf das Trennende konzentrieren, erfahren wir wesentlich mehr. Unser Gegenüber fühlt sich nicht mehr bedroht und kann sich in unsere Richtung bewegen.

Übung: Stellen Sie sich folgende Fragen:

- Meinen Sie, was Sie denken, ist das „einzig Richtige"?
- Neigen Sie dazu, Ihrem Gegenüber Ihre Werte und Erkenntnisse aufzudrängen?
- Fühlen Sie sich berechtigt, den anderen „Nicht-richtig-Denkenden" in Streitgesprächen „mit Worten zu vernichten"?

Aktive Interaktion

Ein Quantensprung in der Fähigkeit des Kommunizierens ist möglich, wenn wir uns bewusst werden, dass die Wahrnehmung der Kommunikation durch unser spezifisches Bild des „Guten" verzerrt und eingeschränkt werden kann. Unsere Überzeugungen werden sogar für uns destruktiv, wenn sie unsere unerkannten Bedürfnisse und Motive maskieren. Unsere restriktive, konditionierte Erwartung – „So sollte mein Gegenüber reagieren" – verhindert eine aktive, intensive Interaktion.

Wenn wir uns in unserer Reaktion auf die Meinung des anderen unserer unerkannten Bedürfnisse und Motive bewusst werden, findet eine differenziertere Kommunikation statt, der wertvolle Erfahrungen folgen können.

5. Pathos, Logos, Ethos in der Kommunikation

Erfolgreich durch integratives Denken

Integratives Denken, in dem beide Hirnhälften aktiviert werden, ist die Grundlage der heutigen Kommunikation. Die bewusste Einbeziehung und Verbindung von Pathos, Logos und Ethos bildet die Basis für eine erfolgreiche Kommunikation. Das griechische Wort „Logos" bedeutet „Rede, Vortrag, Verstand, Wort". Die Bedeutungen „Verstand" und „Wort" waren vor allem für die hellenistischen und neo-platonischen Philosophen bedeutsam. „Pathos" bezog sich bei den Griechen auf Gefühle und Leidenschaften und bezeichnete eine Rede oder ein Gespräch, das Emotionen erwecken sollte. „Ethos" bedeutet „Charakter" und bezieht sich auf Fragen der Moral, Werte und Weltanschauung.

Logos

Wissen vom menschlichen Wesen

Der Begriff „Logos" hat eine vielschichtige Bedeutung. Bei der formalen Logik geht es um die Lehre von Gesetzen und Formen des Denkens. Ursprünglich bezog sich der Begriff auch auf das Wissen vom Wesen des Menschen, das als notwendig erachtet wurde, um Begriffe zu bilden und Urteile zu fällen.

Theologisch bedeutet Logos „Wort". Im Johannes-Evangelium stellt Logos Christus dar, in seiner göttlichen Natur, der das Wort Gottes ist. In der Philosophie steht Logos für den Sinn, den vernunftvollen Geist und für Weltvernunft. Wie weit sich der heutige Sprachgebrauch von diesen ursprünglichen Bedeutungsebenen entfernt hat, ist deutlich, wenn wir an den umgangssprachlichen Gebrauch von „logo" denken: („Kommst du morgen zur Besprechung?" „Logo!"). Die Bedeutung „klar" wiederum sagt nichts über Klarheit aus. Wäre es „klar", wäre die Frage überflüssig gewesen.

Zielorientiert Denken

Im kommunikativen Bereich bezieht sich „Logos" sowohl auf die analytische Denkfähigkeit als auch auf die kritische Hinterfragung der eigenen Meinungen. Logos ist die Fähigkeit, folgerichtig und zielbewusst zu denken, d.h. Ursache und Ziel einer Situation oder eines Ereignisses zu verstehen.

Wichtig: Der „Logos" befähigt uns, die verschiedenen Aspekte eines Sachverhaltes oder Themas zu erkennen und die Vor- und Nachteile nach ihrer Relevanz zu beleuchten. Unsere Kenntnisse, Informationen und Meinungen verschaffen eine Übersicht, so dass wir eventuelle Widersprüche erkennen können.

Die emotionale Distanz sorgt dafür, dass wir den Überblick nicht verlieren. Logos informiert über Sach- und Sinnverhalte. Die Aussagen sind einem Sachverhalt zugeordnet, den der Sprecher vermitteln will. Der Inhalt soll so objektiv wie möglich dargestellt werden und dient nicht zur Beeinflussung des Gegenübers.

Pathos

Gefühle: die „Batterie" des logischen Denkens

Empfindungen und Gefühle werden als „Batterie" des logischen Denkens betrachtet. Unsere Sinne Sehen, Hören, Schmecken, Tasten und Riechen lösen Empfindungen aus, die das Leben unserer Gedanken sind. Gefühle und Emotionen bewegen uns und motivieren uns zu Handlungen. Sie verbinden unser Innerstes mit dem Außen.

Unser Körper zeigt Gefühle

Der Sufi-Meister Hazrat Inayat Khan erläutert, wie die Ausdrucksweise des inneren Gefühls eine universale Sprache ist, die kulturelle und sprachliche Barrieren auflöst: „Wenn wir uns, um die Gedankenwelt eines anderen Menschen kennen zu lernen, dabei auf dessen Worte verlassen, dann werden wir sie möglicherweise nicht verstehen können, da wir wahrscheinlich seine eigene Sprache nicht kennen; wenn wir uns aber mit einem Menschen von Seele zu Seele austauschen können, dann verstehen wir sicher, was er zum Ausdruck bringen will, denn bevor das geschieht, hat er diese Worte in seinem Inneren ausgedrückt; und dieses innere Wort teilt sich uns mit, ehe es ausgesprochen wurde. Bevor das Wort gesprochen wird, verrät es schon der Gesichtsausdruck; bevor der Gedanke entsteht, kommt er schon durch das Gefühl zum Ausdruck. Und dies zeigt, dass ein Gefühl einen Gedanken formt, einen Gedanken, der dann als gesprochenes Wort zum Ausdruck kommt; und schon bevor ein Gefühl offenbart wird, kann es wahrgenommen werden, wenn der Mensch die Fähigkeit besitzt, mit der Seele in Kommunikation zu treten. Dieser Austausch, diese Verbindung mit dem innersten Wesen eines Menschen mag dann als wirklicher Austausch, als echte Kommunikation bezeichnet werden."[14)]

Gefühle drücken sich durch unsere Körperhaltungen aus. Ein gesenkter Kopf mit gebeugten Schultern lässt uns auf eine Depression schließen. Ein freudloser Gesichtsausdruck kann positivste Worte unglaubwürdig klingen lassen.

Achtung: Wir sollten uns bemühen, unsere Aussage in einem adäquaten Ton und in der entsprechenden Stimmlage zu äußern.

Einsichten durch Gefühlssprache

Wenn „Wunderbar!" flach und ohne wirkliche Begeisterung ausgesprochen wird, ist seine Aussagekraft aufgehoben. Ein Wort aber, so ausgesprochen, dass Körper, Seele und Geist eine Einheit bilden, hat Macht. Die Wahl und Verknüpfung der Worte kann unsere Gefühle in Schwingungen versetzen. Logos, ohne Gefühl in der Sprache, wird niemals die Wirkungskraft haben wie ein intelligenter vom „Gefühl getragener" Gedanke. Anschauliche Sprache erleichtert das Verstehen. Wenn wir verstehen, können wir den Sinn „erleben" und „Ein-sicht" erlangen.

Ethos

Die Vorstellungswelt des anderen verstehen

Bei der Ethik geht es um universelle Wertvorstellungen. Soll unsere Kommunikation wirksam sein, ist ein Verständnis der Vorstellungswelt unseres Gegenübers unabdingbar. Die entscheidenden Werte und Ideen wirken sich auf die Kommunikation und das Verhalten der Gesprächspartner aus.

Wir verstehen die Wertvorstellungen unseres Mitmenschen besser, wenn wir beobachten, ob seine Worte und Handlungsweise mit unserem Eindruck übereinstimmen.

Ethik ist eine Wissenschaft des Verhaltens und zeigt das Erstrebenswerte und weniger Erstrebenswerte im Umgang miteinander auf. Es gibt keine allgemein gültige Form der Ethik, da das, was für den einen Menschen in einer bestimmten Situation und sozialen Umgebung gut ist, nicht unbedingt auf einen anderen übertragbar ist. Doch jede Weltreligion hat als Kernpfeiler gewisse ethische Grundlagen, die aufzeigen, wie man mit seinen Mitmenschen in Harmonie leben kann. Alle ethischen Lehren vermitteln Tugenden, die für den Menschen richtungsweisend sind.

Verstehen heißt bewirken

Grundsätzlich ist darauf zu achten, keinen Menschen durch Gedanken, Worte oder Taten zu schädigen. Ethik ist notwendig, wenn wir zielbewusst durch unsere Kommunikation Einfluss nehmen wollen. Das Verstehen unseres Verhaltens, unseres Werthorizontes, unserer Konditionierung und unserer Absicht zeigt uns, was wir bewirken können und wollen. Fehlt Ethik, wird Kommunikation leicht zu einem Macht-Manipulations-Mittel, das skrupellos zu Lasten anderer eingesetzt wird.

In unserer heutigen globalisierten Welt sind universelle ethische Werte unentbehrlich. Aber: Können wir solche Werte erkennen? Ist ein globaler ethischer Code überhaupt denkbar? Anhand einer umfassenden Interview-Studie in 16 Nationen, die das Institute for Global Ethics durchgeführt hat, werden diese Fragen von Rushworth M. Kidder,[15)] Präsident des Instituts, bejaht. Die moralischen Werte, die als elementare Grundsätze gelten, sind: Liebe, Ehrlichkeit, Fairness, Unity (Einigkeit), Toleranz und Verantwortung.

6. Der Sinn von ethischen Wertvorstellungen im Unternehmen

Sagen gleich meinen?

So elementar und selbstverständlich es scheint, ethische Werte in der alltäglichen beruflichen Kommunikation als richtungweisend zu erfahren, so selten kommt es vor. Warum? Zum Teil deshalb, weil wir in unserem Denken und in unserem Verhalten konditioniert sind. Was wir sagen, ist nicht immer, was wir meinen. Wissen wir überhaupt, was wir meinen? Oder drücken wir nur nicht aus, was wir eigentlich sagen wollen?

Wir haben uns bestimmte Gewohnheiten und Reaktionsmuster angeeignet, die durchaus „wirkungsvoll" erscheinen. Sprechen wir aggressiv und rücksichtslos, meinen wir stark zu sein. Deshalb dient uns Ärger und Wut als „Machteinsatz". Es ist wichtig, bei jeder kommunikativen Interaktion unsere wirklichen Motive zu untersuchen. Erteilen wir Befehle, um Macht auszudrücken? Besteht überhaupt die Notwendigkeit für eine strenge Anweisung? Wie können wir „befehlen", ohne zu diktieren?

Wer andere verletzt, fügt sich selbst Leid zu

Das Herz kann sich mit der Zeit verhärten, und wir fühlen uns vielleicht dadurch zuerst stärker und weniger verletzbar. Doch unmerklich entwickeln sich Eigenschaften wie Gier, Geiz, Derbheit, Rücksichtslosigkeit, Ärger und Hochmut. Daraus folgt destruktive Kritik, Unaufrichtigkeit und die Kränkung anderer. Wir vergessen, dass jedes Mal, wenn wir einen anderen verletzen, wir uns selbst verletzen.

In früheren Zeiten waren Angestellte stark durch ihre Rezeptivität geprägt. Sie „funktionierten", so dass bestimmte materielle Ziele des Unternehmens erreicht werden konnten, und verfolgten diese mit beinahe masochistischer Loyalität. Manche Unternehmer neigten zu einer ausbeuterischen gewinnorientierten Haltung, auch ihren Mitarbeitern gegenüber. Es gibt auch heute noch Chefs, die ihre Angestellten täglich mit ihrer getarnten sadistischen Autorität unterjochen. Sie wollen an materiellen Werten festhalten, sie für sich horten, obwohl sie nach außen hin ein Bild von „Fairness" propagieren.

Ressource Mensch

In einigen modernen Unternehmen herrscht heute dem Individuum gegenüber immer noch Gleichgültigkeit, denn es ist trotz aller Scheinbekenntnisse zur „Ressource" geworden. Diese Depersonalisierung spürt der Mensch vor allem in der automatisierten Kommunikation. Es werden immer mehr inhaltslose Floskeln wiederholt, die nicht nur einem besonderen Individuum, sondern jedem x-Beliebigen vermittelt werden können. Der Mensch ahnt, wie „ersetzbar" er geworden ist. Er erfüllt innerhalb des Unternehmensprozesses eine Funktion, die eventuell morgen schon überflüssig geworden ist.

Gleichmacherei statt Individualität

Unzufrieden stillt er seine tiefsten, innersten Bedürfnisse nach Anerkennung seiner Individualität mit übertriebenem Konsumverhalten. Dabei merkt er oft gar nicht, dass er die Meinungen der Medien, die Medikamente, die der Arzt verschreibt und alles andere, was sein Leben erträglicher und „schein-glücklicher" macht, passiv konsumiert, statt über seine Situation nachzudenken. Die Individualität verkommt zur Gleichmacherei. Und dennoch: Nebensächlichkeiten, wie z. B. Monogramme auf dem Koffer, sind unterbewusste Zeichen des Wunsches, sich von anderen zu unterscheiden.

In vielen modernen Unternehmen hat das kreative, individuelle Verhalten der Mitarbeiter im Rahmen ihrer verstaubten Firmenphilosophien nur dann einen Platz, wenn es den Kontext der jeweiligen Strategie unterstützt. Ethik wird z. B. angewendet, um unternehmerische Rücksichtslosigkeit vor der Öffentlichkeit zu tarnen, und ist im unternehmerischen Handeln nicht nachvollziehbar. Für den Einzelnen im Unternehmen können keine verbindlichen Verhaltensmaßstäbe plausibel gemacht oder vermittelt werden.

Erfolgs-Tipp:

Eine Rückbesinnung auf Werte und auf die Beweggründe des menschlichen Verhaltens ist dringend erforderlich, will ein Unternehmen seine innovativen Fähigkeiten verbessern und nutzen.

So, wie die Wertvorstellungen einer Gesellschaft die Eltern beeinflussen, ihre Kinder in einer entsprechenden Richtung zu erziehen, veranlassen die Wertvorstellungen eines Unternehmens das Management dazu, ihre Mitarbeiter zu bestimmtem Verhalten zu motivieren, auch wenn dieses Verhalten zu einer Entfremdung von sich selbst, anderen und der Arbeit führt.

Sich dem System opfern

Welche Ironie des Lebens ist es, dass Menschen ihre tiefsten inneren Werte wie Ehrlichkeit und Aufrichtigkeit um des Geschäftes willen an den Nagel hängen, indem sie sich ihr Leben lang – vielleicht unbewusst – um die Anerkennung ihres Chefs und ihrer Mitarbeiter bemühen. Sie haben sich einem System geopfert, nur um schließlich festzustellen, dass sie von einem Tag zum anderen ersetzbar sind. Trotz aller Versuche, mit dem Verstand ihr Verhalten zu rechtfertigen, spüren sie immer weniger Kraft. Sie schotten sich ab und verwirklichen nur bruchstückweise ihre Fähigkeiten und

Begabungen, die immer dringender erforderlich sind, um ein völliges Scheitern zu verhindern.

Ungeklärte Sinnfragen hemmen die Produktivität

Im Unterbewusstsein lauern erdrückende Gefühle der Unsicherheit, die Frage nach dem eigentlichen Sinn der Existenz bricht auf. Der Mensch hängt manchmal machtlos zwischen dem Verstand und dem Herz, und meint sich für eine dieser Seiten entscheiden zu müssen. Doch meist wird er vom Verstand regiert und neigt dazu, sein Herz zu verleugnen, da in seinem Umfeld ethische Ansprüche kaum mehr eine Rolle spielen.

Achtung: Unbeantwortete Sinnfragen und unterdrückte existenzielle Angst haben einen Einfluss auf unsere Fähigkeit zu lieben und etwas zu schaffen. Sie schränken unsere Produktivität ein.

Bei einem bewussten Menschen sind Herz und Verstand im Gleichklang. Solche Menschen sind produktiver und in ihrer Arbeit kreativ. Liebe integriert Unterschiede, strebt aber nicht nach Gleichheit. Liebe als ethischer Wert im Unternehmen erweckt ein aktives Interesse am Leben und Wachstum anderer. Der Wunsch, andere glücklich zu machen, weder aus einem Pflichtgefühl noch aus dem Motiv des „Geliebtsein-Wollens" heraus, drückt sich in verantwortungsvollem Tun aus.

Wissen heißt Anteil nehmen können

Das Wissen beruht nicht nur auf faktisch messbaren Informationseinheiten, die auf einen Computerchip passen würden, sondern offenbart sich durch innere Wachheit und Anteilnahme. Hieraus entsteht Liebe. „Die wahre Liebe", wie es Martin Buber sagt, „ist nicht in einem, sie liegt im Dialog zwischen Menschen."[16)]

Erfolgs-Tipp:

Prüfen Sie, ob Sie Ihre Art der Kommunikation als Musterbeispiel für Ihr gesamtes Unternehmen betrachten könnten.

7. Einige ethische Richtlinien

Ethische Grundsätze

Ethische Richtlinien sind für unsere Kommunikation und unser Verhalten wesentlich, denn was wir glauben, unsere Werte und Vorstellungen, sind mitentscheidend darüber, wie wir gefühlsmäßig (Pathos) und verstandesmäßig (Logos) reagieren und agieren.

Einige mögliche ethische Richtlinien, die unsere Selbstverwirklichung, den beruflichen Erfolg und den positiven kommunikativen Umgang mit anderen fördern können, sind:

- Gelassenheit
- Zuverlässigkeit
- Freiheit von Eitelkeit
- Aufrichtigkeit
- Einfachheit
- Wahrheit
- Gleichmut
- Zielorientiertheit
- Anpassungsfähigkeit
- Demut
- Ausdauer und Treue
- Integrität
- Würde/Vornehmheit
- Großmut
- Großzügigkeit

Gelassenheit

Souverän, kraftvoll, erfolgreich

Gelassenheit ist Ausdruck der Souveränität. Wie ein stiller See strahlt sie eine in sich ruhende Kraft aus, ungetrübt von verwirrenden Emotionen. Diese Eigenschaft lässt uns besser zuhören und steigert unsere Wahrnehmung der nonverbalen Kommunikation. Ferner können wir auf Worte, die unser Mitmensch mehrfach äußert, achten und deren Bedeutung für den größeren Lebenszusammenhang erkennen.

Zuverlässigkeit

Zuverlässigkeit erlaubt Spontaneität

Wenn wir das sind und das tun, was wir sagen, erwecken wir in unserem Gegenüber ein Gefühl der Zuverlässigkeit. Diese Zuverlässigkeit verhindert unnötigen Druck. Ferner sind Pünktlichkeit und Genauigkeit Ausdruck unseres Respektes für uns selbst und für andere. Zuverlässigkeit schließt trotzdem Spontaneität nicht aus, macht sie sogar wahrscheinlicher, wenn wir von elementaren Unsicherheiten befreit sind. Unsicherheit erzeugt Stress und Stress verhindert zielgerichtete Kommunikation.

Freiheit von Eitelkeit

Respektvoll „aufschauen"

Man sollte weder mit der beruflichen Position, mit Fähigkeiten, beeindruckenden Kontakten oder mit einem erreichten Ziel prahlen, noch sich besonders über andere erheben. Viel besser ist es, andere zu loben. Mitarbeiter auf jeder Leistungsstufe der beruflichen Hierarchie sind in ihrer Einzigartigkeit als menschliches Wesen gleich, erweisen jedem Menschen den gleichen Respekt – das lateinische Wort „respicere" bedeutet „aufschauen" – und die gleiche Achtung.

Aufrichtigkeit

Selbstidentisch handeln

Die gesprochenen Worte sollten mit den Gedanken übereinstimmen und die Handlungen mit den Worten. Harmonie zwischen Gedanken, Worten und Taten erzeugt Kraft.

Einfachheit

Klarheit gewinnt

Eine einfache, verständliche Sprache ist wertvoller als komplexe beeindruckende Fachwörter. Es ist besser, eine Schwierigkeit durch Klarheit und Einfachheit zu lösen als durch clevere Windungen und Tricks. Dies bezieht sich auch auf nonverbale Kommunikation. Eine gewisse Einfachheit oder Schlichtheit in der Garderobe wirkt auf andere sympathischer als besonderes „Styling". Es würde uns gut tun, hin und wieder unsere Kommunikation mit anderen Menschen mit der Einfachheit eines unbefangenen Kindes zu betrachten.

Wahrheit

Wahrheit zahlt sich aus

Es lohnt sich, vor allem uns selbst gegenüber ehrlich zu sein und keine Einbildungen zuzulassen. Können wir Versprechen nicht halten, ist es besser, keine einzugehen. Wenn wir jegliche Art von Übertreibung in unserer Sprache vermeiden, werden wir ernst genommen. Es besteht keine Gefahr eines „Peter und Wolf"-Syndroms. Wenn wir darauf achten, unsere Kommunikation von verallgemeinernden Aussagen zu befreien, erfahren wir eher die wirkliche Einstellung unseres Gegenübers. Auch wenn sich der andere sprachlich windet, zahlt es sich aus, präzise zu sagen, was wir meinen.

Gleichmut

In der Ruhe liegt die Kraft

Es ist nicht immer leicht, ausgeglichen zu bleiben, wenn wir meinen, versagt zu haben oder wenn wir körperliche oder seelische Schmerzen haben. Dennoch sollten wir unseren Freunden und unseren Feinden mit dem gleichen Respekt begegnen. Ferner behalten wir eine bessere Übersicht über die kommunikative Situation, wenn wir uns nicht zu sehr von Lob, Ehren, Erfolg und Genuss einfangen lassen. Trotz der Umstände lohnt es sich immer, unsere innere Ruhe zu bewahren, denn sie ist der Schlüssel zu unserer kommunikativen Kraft.

Zielorientiertheit

Schritt für Schritt zum Ziel

Wenn wir unser übergeordnetes Ziel immer vor Augen haben, es durch klar geplante Teilschritte trotz Widerstände anstreben, können wir es erreichen.

Anpassungsfähigkeit

Ohne uns dabei selbst zu verleugnen, können wir uns bemühen, das Verhalten anderer zu verstehen. Vor allem sollten wir uns so benehmen, dass der andere sich wohlfühlt oder von unserem Verhalten profitiert. Auch exzentrische Verhaltensweisen anderer beeinträchtigen nicht unser Gleichgewicht, da sonst die Gefahr besteht, dass wir uns vom inneren Kern des Menschen ablenken lassen. Versuchen Sie, Harmonie und Freude zu vermitteln.

Demut

Den anderen schätzen

Respektieren Sie alle Mitarbeiter/innen gleich, und betrachten sie niemanden als minderwertig. Schätzen Sie die Fähigkeiten anderer. Sie sitzen nie auf einem so hohen Ross, dass Sie nicht auch von den einfachsten Menschen etwas lernen könnten.

Beständigkeit und Treue

Wenn wir uns entschlossen haben, etwas regelmäßig zu tun, gibt es selten überzeugende Argumente, dies zu unterlassen. Stoßen wir in einem Gespräch unerwartet auf Widerstände, sollten wir uns selbst treu bleiben und uns nicht durch andere Ansichten irritieren lassen.

Integrität

Unbestechlichkeit

Wir sollten uns darum bemühen, nach hohen Maßstäben und Grundsätzen zu leben. Meistens werden andere dann von uns und von unseren Ideen überzeugt sein und diese gerne unterstützen. Wir werden geschätzt und ernten Respekt.

Vornehmheit

Stets das Positive sehen

Auch wenn wir uns von den negativen Verhaltensweisen anderer überwältigt fühlen, schädigen wir uns selbst, wenn wir sie breittreten. Richten wir stattdessen unsere Aufmerksamkeit auf eine der positiven Eigenschaften dieser Person, eröffnen sich neue Horizonte. Es lohnt sich, Bösartiges in jeder Form zu vermeiden. Wir sparen Energie, wenn wir nicht in unserer Sprache und unserem Tun „herabsteigen", nur weil es andere tun. Würde macht uns frei.

Großmut

Auf das Wesentliche konzentrieren

Betrachten wir alles um uns herum – auch das Verhalten anderer – aus einer weiten Sicht, neigen wir weniger dazu, uns mit den Fehlern anderer aufzuhalten. Es lohnt sich nicht, unsere Aufmerksamkeit auf Kleinigkeiten zu richten, die uns in unserer kommunikativen Interaktion nicht weiterbringen. Wir sollten uns immer wieder fragen: „Was ist das Wesentliche?"

Großzügigkeit

Ich gönn's dir!

Vermeiden Sie Kleinlichkeit und Erbsenzählerei. Wenn wir uns über die Zufriedenheit und Erfolge anderer freuen, an das Wohl aller denken und es ihnen tatsächlich wünschen, wird unsere Kommunikation auch meistens wohlwollend erwidert. Wir können von allem, was wir haben, von unserem Wissen, unserer Freude, unseren materiellen Gütern abgeben, ohne Angst vor Mangelerscheinungen zu fühlen. Wenn wir die Mängel anderer nicht auf die Goldwaage legen und ihnen Gutes wünschen, geben wir ihnen die Freiheit, auf ihrem Weg weiterzugehen.

Kommunikation und Macht

3

Machtphantasien

1. Glaube und Konditionierung 70
2. Ursprünge der „Verstandesherrschaft“ 72
3. Der Mensch als Maschine 80
4. Verzerrte Kommunikation 85

1. Glaube und Konditionierung

Gedankenmuster kontrollieren heißt, sein Leben meistern

Wir können erst innerlich frei sein, wenn wir uns von unseren begrenzenden Denkmustern trennen. Doch zunächst müssen wir sie erkennen und verstehen. Es ist sicherlich überraschend, festzustellen, dass uralte Denkmuster der Vergangenheit uns heute noch in einem bemerkenswerten Ausmaße steuern. Diese Denkprogrammierungen haben sich im Verlaufe unserer evolutionären Entwicklung zu unbewussten Verhaltensprägungen entwickelt.

Das Bewusstwerden solcher archaischen Prägungsmuster lässt uns wirtschaftliche Zusammenhänge aus einer umfassenderen Perspektive betrachten. (Später wird auf die Individualentwicklung, d. h. auf die Einflüsse des vom Individuum erfahrenen Umfeldes sowie Familie usw. eingegangen.) Beherrschen wir diese archaischen Denkmuster, befreien wir uns von den von der Außenwelt auferlegten Fesseln. Beherrschen wir uns nicht selbst, sondern werden wir beherrscht, dann verhüllt der undefinierbare Dunst unserer Gemütszustände den Weg zu unserem Ziel, und wir lassen uns von außen ablenken. Wir schützen unsere selbst gewählten Ziele vor äußeren Störungen, indem wir uns nicht auf kurzfristigen Erfolg ausrichten. Sonst werden wir Sklaven der Außenwelt, und es wird immer schwieriger, den Sinn unseres Lebens zu erfüllen.

Lebensenergie auf alle ausstrahlen

Führungskräfte werden erst dann zu glaubwürdigen „Sinnstiftern" im Unternehmen, wenn sie sich selbst erkennen. Diese Selbsterkenntnis katalysiert eine enorme Lebensenergie, die sie im Sinne von „Empowerment" auf alle Mitarbeiter ausstrahlen.

Diese Ausstrahlung macht anderen die eigenen kognitiven Kräfte deutlich. Werden wir uns unseres begrenzenden Denkmusters bewusst, haften wir nicht mehr am Schein, sondern wir können „durch-schauen". Sobald wir die Macht der gedanklichen Programmierungen durchschauen, erfahren wir uns nicht mehr als den Umständen ausgesetzt, denn wir lassen uns in keine kollektiven Denkkategorien hineinpressen.

Solche kollektiven Denkmuster haben kulturhistorische Ursachen. Ein Rückblick auf das Erbe dieser Gedankengebäude hilft uns, die unterdrückenden Denkmuster erst zu verstehen und dann aufzubrechen. Dies ist die Basis der „Selbstmeisterung" und bildet die Voraussetzung für persönliche und sinnhafte Kommunikation. Denn nur ein tiefes Verstehen der Vergangenheit lässt uns unsere Denkweise und die Orientierung der gegenwärtigen wirtschaftlichen Wirklichkeit erkennen.

Aus Vergangenheitsprägungen lösen

Welche Denkgewohnheiten hindern uns daran, die eigentliche Stärke in unserem Bewusstsein und in unserer Kommunikation zu erkennen? Jahrhundertelang stand die Tätigkeit der linken Gehirnhälfte, die mit dem männlichen Prinzip in Verbindung gebracht wird, im Mittelpunkt unseres Denkens. Das Gehirn des Menschen der Gegenwart ist linkslastig, es ist logisch, zergliedernd, mathematisierend und basiert auf linearen Denkprozessen. Das Trugbild, rationales Denken sei der „Königsweg" der Kommunikation, hat sich nicht von heute auf morgen entwickelt.

Effektive kommunikative Fähigkeiten können sich in unserem Zeitalter nicht länger auf die traditionelle Gedankenwelt der westlichen Gesellschaft beschränken. Denn ohne emotionale Intelligenz ist Kommunikation beschränkt. Hierzu noch einmal Jean Gebser: „Auf eine erschütternde Art kommt hier zum Ausdruck, wie diese Eroberung und Überwindung der Seele Gewalttat ist, und damit auch Vergewaltigung der Natur, in dem Moment, da sich das männliche Prinzip die Alleinherrschaft anmaßt. Das mentale Denken ist noch Ermessen, das rationale ist Anmaßung und führt in letzter Konsequenz auch zur zerstörenden Aufteilung der Natur."[17)]

Ganzheitliches Denken – der „Königsweg" der Kommunikation

Wann begann das männliche Prinzip die Alleinherrschaft zu übernehmen, und worum geht es bei der generellen Verdrängung einer uns innewohnenden Kraft? Dies sind die Fragen, die wir uns bei der Betrachtung der Glaubenssysteme der Vergangenheit stellen sollten. Das Glaubenssystem einer Kultur verstärkt oder schwächt unterschiedliche kommunikative Fähigkeiten. Denn das

Bild unseres Potenzials, unseres Selbst und unseres Willens wird durch die Konditionierung der Glaubensform der Gesellschaft mitgeformt. Es ist sicherlich nicht leicht, uns in die Wertevorstellungen der damaligen Welt hineinzuversetzen, doch dies kann uns helfen, unsere tief liegenden, archaischen Muster und daraus rührenden inneren Konflikte besser zu verstehen.

Technologien kontra Urängste

Der Mangel an aufklärender Vernunft der damaligen Welt steht zwar in einem krassen Kontrast zum heutigen Stand der Technologie und Wissenschaft, doch die kollektive Neigung, nach zweitausendjähriger Geschichte der Angst vor der ewigen Strafe durch die Qualen der Hölle sich weiterhin auf äußere Autoritäten und nicht sich selbst zu verlassen, besteht noch immer. Werfen wir einen kurzen Blick auf die wesentliche Entwicklungslinie.

2. Ursprünge der „Verstandesherrschaft"

Die griechische Antike

Das ganzheitliche Denken der früheren Kulturen begann sich in der Philosophie der griechischen Antike (circa 600 – 300 v. Chr.) allmählich in ein einseitiges, rationales Bewusstsein zu verwandeln.

Das Unterbewusstsein, die Quelle der Inspiration, wurde vom rationalen Verstand zunehmend getrennt, so dass der Intellekt und nicht die Seele zum Maß aller Dinge wurde.

Inspiration einatmen

Die alten Griechen kannten nicht den Begriff der Phantasie, die dem Menschen innewohnende Möglichkeit zur freien Gedankenassoziation, die sich aus dem Unterbewusstsein hervordrängt. Ihre Inspiration war ein vertrauter gedanklicher Vorgang und wurde als seelisches Phänomen betrachtet. Die Seele ordnete man dem Zwerchfell und dem Herzen zu. Inspiration geschah im Akt des Einatmens.

Der Mensch war Medium der kreativen Inspiration, Bindeglied zwischen den Göttern und der menschlichen Welt. Es entwickelte sich die Vorstellung einer von außen kommenden Inspiration in Gestalt eines Dämons. Bei Platon entspricht die Vorstellung eines Dämons einem „guten Geist", der einer inneren, göttlichen Stimme gleicht und den Menschen davon abhält, „Böses" zu tun.

Dämonismus, als Ausdruck der inneren Freiheit, erlaubte den Menschen, in der inspirierten Kunst und Dichtung über das „Menschliche" herauszuragen. Als Werkzeug, dessen sich ein Gott bediente, war das „dämonische" Erlebnis stets unberechenbar. Der Mensch konnte über diese inspirierende Kraft nicht immer verfügen und war deshalb nicht verantwortlich, wenn er keine inspirierten Werke hervorbrachte.

So wurde der Verstand, unabhängig von einer „beliebigen" Inspiration, als Quelle aller Meisterleistungen angesehen. In der Suche nach einem tieferen Verständnis der Welt verknüpfte Platons idealistischer Rationalismus das intuitive, inspirative Bewusstsein mit der rationalen Analyse. Besonders prägend für die Denkweise der westlichen Kultur war ein gegensätzlicher Impuls, den Aristoteles mit seiner Logik und empirischen Analyse vertrat.

Der Zugang zum Unterbewusstsein öffnet das Tor zur Inspiration

Wichtig: Die Auffassung, Inspiration sei etwas Zufälliges und unbeeinflussbar, ist heute noch verbreitet. Heute noch denken viele Menschen, dass diese Kraft, die zur Inspiration führt, nur wenigen auserwählten Genies vorbehalten ist. In der Tat aber könnte jeder Mensch den Zugang zu seinem Unterbewusstsein, seinem inneren „Kraftzentrum", selbst herstellen und dadurch eine geistige Erfrischung und Neubelebung erfahren. Im Laufe der Geschichte bis zum mechanistischen Zeitalter wird diese innere, seelische Kraft in ihrer Unkontrollierbarkeit als bedrohlich empfunden, so dass das Unterbewusstsein – der rechten Gehirnhemisphäre zugeordnet – stets unterdrückt wurde. Ein solcher Verdrängungsmechanismus führt zu gestauten Gefühlen, die, sobald die Verstandesherrschaft nachlässt, in destruktiver Art und Weise ausbrechen können.

Das Mittelalter

Der Heroenkult der späten Antike und die Vorstellung von Dämonen beeinflussten das Christentum im Mittelalter. Ruhm und Ehre, die bei Platon und Cicero nicht nur dem Wohle des Staates dienen sollten, sondern auch die „Unsterblichkeit sicherten", wurden im Christentum in der Vereinigung mit Gottvater gesehen. Aus dem Heroenkult entwickelte sich die Heiligenverehrung.

Der „böse" Dämon

Der inspirative Dämon wurde allmählich als etwas Schlechtes und Böses verstanden, das sogar zur Besessenheit führen konnte. Die Selbstverwirklichung, das Wahrnehmen und Befolgen der eigenen Inspiration, war gefährlich, denn der Mensch wurde gemeinhin als im Grunde böse angesehen, nur Gott war gut.

Das Weibliche: unkontrollierbar und triebhaft

Das nebulöse Unterbewusstsein, mythologisch mit der Großen Mutter, mit der Intuition und der Schöpferkraft verbunden, die innovative Kräfte katalysieren konnte, wurde zunehmend als „dunkel" empfunden.

Wir wissen heute, dass die Funktionen der rechten Gehirnhälfte den „weiblichen" Aspekt unserer Psyche vertreten. Daher ist es nicht verwunderlich, dass zwischen dem 14. und 17. Jahrhundert mehr Frauen als Männer als „vom Teufel Besessene" verfolgt wurden. Unter dem Einfluss der Kirche wurden Geist und Trieb voneinander getrennt.

Nur die Kirche vermochte den Menschen aus seiner Verdammtheit zu erlösen. Die „niedrigen" Triebkräfte wurden durch religiöse Inbrunst sublimiert.

Spontanität war gelähmt, unabhängiges Denken und Sprechen wurde verurteilt und „Ketzer" mit großer Gründlichkeit ausgerottet. Die Kirche schrieb vor, was öffentlich gedacht werden durfte. In einem religiösen Rigorismus sollte sich der Mensch über seine sinnlichen Interessen und seine Körperlichkeit erheben.

Wichtig: Im Mittelalter konnte man sich nicht vorstellen, geistig oder kreativ schöpferisch zu sein, ohne vom Glauben inspiriert zu werden.

Die Sprache des Mittelalters

Metaphern und Bildersprache wurden als Machtmittel eingesetzt

Die Sprache des Mittelalters mit Metaphern und affektbetonten Worten war nicht Ausdruck der inneren Gemütsbewegungen, sondern sie hatte eine propagandistische Funktion. Metaphern und Bildersprache, die dem Rechtshirn-Denken entsprangen, wurden von der Kirche als Machtmittel gezielt eingesetzt. Ganz anders als bei den alten Griechen, die den Menschen nicht als etwas „Böses" verstanden und die Streitkunst als Mittel zur Wahrheitssuche angewendet hatten, wurde die Sprache von der Kirche zur Verteidigung von Dogmen benutzt.

Metaphern, durch die Inhalte in der größtmöglichen Wirksamkeit vermittelt werden konnten, wurden von Glaubensautoritäten festgelegt.

Das Wort als Richtschnur der Lebensführung

Das „Wort" wurde zur Quelle und Richtschnur der Lebensführung erhoben. Die Heilsbotschaft musste verkündet werden, und das Individuum sollte alles widerspruchslos hinnehmen. Das gesprochene und geschriebene Wort bekam einen Wirkungseinfluss wie nie zuvor. Auch die Buchkunst wurde als Machtmittel genutzt und diente nicht der Denk- oder Meinungsfreiheit.

Vom englischen Säufer zum flämischen Verschwender

Die Sprache der damaligen Zeit gibt Aufschluss über die Tendenz, den Andersdenkenden als negativ zu klassifizieren und ihn zu degradieren. Die heute haarsträubend und beleidigend wirkenden Pauschalisierungen nationaler Eigenschaften an den Universitäten im Mittelalter weisen auf die gefährliche Neigung zu Verallgemeinerungen: „die Engländer als beschwänzte Säufer, die Franzosen als überheblich und verweichlicht, die Deutschen als brutal und genusssüchtig, die Normannen als eitel und aufgeblasen, die aus Poitou als Verräter und Abenteurer, die Burgunder als dumm und vulgär, die Bretonen als unbeständig und wankelmütig, die Lombarden als geizig, lasterhaft und ängstlich, die Römer als Aufwiegler und Verleumder, die Sizilianer als grausam und tyrannisch, die Brabanten als blutrünstige Briganten und Brandstifter und die Flamen als gierig, verschwenderisch und butterweich."[18] Solche Einheitsschablonen zur Klassifizierung der Nationen stellen das damalige Verständnis des christlichen Leitsatzes „Liebe deinen Nächsten wie dich selbst" in Frage. Es kann doch nicht Liebe sein, den „anderen" so negativ darzustellen und die eigene Nation als die einzig Vortreffliche zu betrachten?

Bedeutete also „Liebe deinen Nächsten wie dich selbst" tatsächlich: Liebe den, den du bereits liebst und akzeptierst, d.h. nur den dir ähnlichen? Wird dann der andere, der mir fremde, zum Feind? Haben nicht solche Feindbilder die christlichen Kreuzzüge, die Hexenverbrennungen und die Inquisition mitverursacht?

Gemeinsam sind wir stark

Für die meisten Menschen bedeutete Liebe ein Gefühl des Zusammengehörens in einer Nation oder in einer übergeordneten Ideologie. Das Gebot „Liebe deine Feinde" war sicherlich noch schwieriger zu befolgen. Nicht verstanden wurde, dass jeder Mensch auch mit dem „Feind" in irgendeiner Weise verbunden ist und dass Liebe, richtig verstanden, immer die Achtung vor der Würde des Menschen bedeutet.

Dualismus von Leib und Seele

Zusammengeschlossen in einem klar umrissenen Kontext, sei es Kirche oder Staat, fühlte der Einzelne sich stark. Das Studium „geistig-religiöser Welten" stärkte dieses Gemeinschaftsgefühl, und der Mensch, der sich den Glaubensidealen fügte und darin fest verankert war, neigte dazu, Menschen nach diesen Richtlinien zu bewerten. Er erwartete, dass andere seiner „hohen" Wertschätzung entsprachen. Doch der Mensch, der die Gedankenwelt der Kirche hinterfragte und an innere Werte und inspirierende Kräfte in sich selbst glaubte, wurde in eine schmerzliche Isolierung gedrängt. Der Dualismus von Leib und Seele führte zu „höflichen Unwahrheiten" in der Alltagskommunikation. Wollte er in einem harmonischen Miteinander mit seinen Mitmenschen leben, fühlte er sich notgedrungen gezwungen, sich als gläubiger Mitbürger darzustellen.

Wichtig: Es entwickelte sich eine zunehmende Diskrepanz zwischen dem, was ein Mensch nach außen hin vertrat, und dem, was er in seinem Innersten fühlte. Von seinem Umfeld beeinflusst, verlor der Mensch den Zugang zu seiner innersten Seele und machte sich selbst etwas vor. Persönliches Geltungsbedürfnis und Ehrgeiz des innerlich verunsicherten Menschen führten zur Heuchelei.

Moralische Richtlinien

Dogmatismus

Die Ethik im alten Griechenland entsprang einer inneren Wahrheitssuche. Im christlichen Mittelalter wurden moralische Richtlinien von dogmatischen Glaubenssystemen festgesetzt. Der Mensch als „Lamm Gottes" wurde Teil einer „Herde" der Nicht-Denkenden, deren gesamtes Leben von religiösen Unterweisungen beherrscht wurde. Gefühle und Leidenschaften durften sich nur auf Gott richten, so dass das rationale Denken sich von der meist innerlich zerrissenen Gefühlswelt trennte.

Trotz aller Versuche konnte das eigenständige Denken des Menschen nicht unterjocht werden, und der Mensch begann an der Allmacht der Kirche zu zweifeln. Dem Menschen wurde zunehmend bewusst, dass das Machtstreben der Kirche eine grobe Abkehr von der christlichen Vorstellung bedeutete.

In den Kreuzzügen wurden viele jahrhundertelang aufgestaute Aggressionen entladen. Die Untaten und Grausamkeiten, die im Namen des „heiligen" Krieges und im Zeichen des Kreuzes gerechtfertigt zu sein schienen, entsprachen nicht der ursprünglichen Lehre des Christentums. Die Machtspiele der Kirche hatten den Menschen verblendet.

Nur was wir im Innersten glauben, gibt uns Kraft

Glaubensvorstellungen, die der Mensch als normativ verpflichtend erfuhr, vermittelten das Gefühl, fremdgesteuert zu sein. Dogmatische Glaubenssätze, die als „richtig" angenommen wurden, erstickten die Stimme der eigenen Seele.

Wichtig: Ideologische Prägungen führten dazu, nur Teilaspekte des Selbst zuzulassen.

Die eigene Vorstellungswelt kann durch Konditionierung derart unterdrückt werden, dass wir uns dessen nicht mehr bewusst sind, wer wir wirklich sind und was wir wirklich glauben. Vielleicht leben wir dann wie Heuchler, meinen, etwas „glauben zu sollen", was wir jedoch nicht empfinden können; passen uns an, ohne selbst zu denken und erlauben uns nicht zu fragen, welche Gefühle wir haben. Nur in der ehrlichen Selbstbetrachtung kann der Mensch die Gedankengüter, die sein Denken lenken, hinterfragen.

Deshalb ist die Voraussetzung einer positiven Kommunikation eine ehrliche Selbstbetrachtung. Nur so können wir feststellen, welche ethischen Werte aus unserem Innersten entspringen. Die Tendenz, außen nach Richtlinien und Antworten zu suchen, beeinträchtigt die Fähigkeit, selbst zu denken und zu fühlen.

Sich der Meinung anderer öffnen

Differenzierung tut Not

Wir sollten zwischen den wertvollen, überlieferten christlichen Botschaften und dem Machtstreben der Kirche differenzieren, und den negativen Tendenzen der Kirche nicht solche Bedeutung schenken, dass wir den zweifellos außerordentlich guten und unschätzbar segensreichen Einfluss des Christentums auf die Menschheit außer Acht lassen. Leider erscheinen solche unzweifelhaft positiven, christlichen Begriffe wie Dankbarkeit, Empfängnis, Hingabe, Liebe und Verehrung in unserer heutigen, technologischen Welt beinahe peinlich. Führungsfähigkeit wird eher mit rücksichtslosen Erfolgsstrategien gleichgesetzt, die den Mitmenschen instrumentalisieren. Die Begriffe „Zielstrebigkeit, Durchsetzungsvermögen, Belastbarkeit, Ehrgeiz" bilden keineswegs die Basis für positive Interaktion.

Die Neigung, immer „den Willen durchsetzen zu wollen" und dieses als etwas „Gutes" zu betrachten, ist Folge einer jahrhundertelangen Konditionierung. Gelegentlich fühlen wir uns dann im Namen unserer Vorstellung des „Guten" berechtigt, unseren Willen und unsere Vorstellung dem anderen aufzuzwingen.

Bleibt die Denkweise und das Tun unseres Gegenübers anders, nimmt er unsere nicht an, könnten wir uns sogar berechtigt fühlen, ihn mit Worten zu vernichten.

Machtspiele

Nur wenn andere das Gleiche wie wir denken, sind sie für uns keine Bedrohung. „Ich habe Recht" wird zum Machtspiel. Blinde Voreingenommenheit blockiert den aktiven Zugang zu der Vorstellungswelt des anderen. Unsere bereits „richtige Meinung" bestimmt und verblendet die Wahrnehmung. Das Gegenüber ist gar nicht so wichtig, und wir können unser vorherrschendes Begriffssystem durch Erkenntnisse und Auffassungen des anderen nicht bereichern.

Erfolgs-Tipp:

Wenn Sie sich der Meinung anderer öffnen, wird Ihre Kommunikation wieder lebendig. Dieser tätige Einsatz entwickelt eine Art von Zentrifugalkraft, die alles umfasst, auch das, was Ihnen fremd ist.

Die Renaissance

Die Renaissance begann, den Menschen aus den Fesseln der Dogmen zu befreien, doch es herrschte eine Atmosphäre des Misstrauens, und in der Kommunikation ging es zunehmend um Machtspiele. Agnes Heller beschreibt die Renaissance als „Morgendämmerung" des Kapitalismus, ein Prozess, „der das natürliche Verhältnis zwischen Mensch und Natur" zunichte macht, denn „im unendlichen Produktionsprozess ist ‚die Naturnotwendigkeit in ihrer unmittelbaren Form verschwunden'."[19]

Der „Selfmademan" wird geboren

Dem Menschen wurde zunehmend bewusst, dass er sein Schicksal mitbestimmen und somit frei denken und urteilen konnte. Der „Selfmademan", der auf sein Umfeld Einfluss nimmt, war „geboren". Während der Mensch in den Mittelpunkt des Interesses rückte, zeigte sich eine Machtminderung der Kirchendogmen. Der Mensch bemühte sich, seinen eigenen Weg zu Gott zu finden. Gleichfalls entwickelte sich ein neue Art des Machtstreben im Menschen, das nicht von ethischen Grundlagen geprägt war.

Alles für die Staatsraison

Der florentinische Politiker Niccolo Machiavelli (1469-1527 n. Chr.) mit seiner Vorstellung von einer durch keine Moral eingeschränkten Alleinherrschaft ist noch im 21. Jahrhundert ein Begriff. Alle Praktiken waren zum Wohl des Staates erlaubt, gute wie auch böse; unerbittlich wurde um die Macht gekämpft. In einer Zeit, in der Intrigen gang und gäbe waren, ging es in der Sprache vor allem um Geschicklichkeit und Kühnheit, nach Gefühlen fragte kaum einer. Die Vernunft wurde zum Heiligtum erhoben.

3. Der Mensch als Maschine

Ich denke, also bin ich

Es scheint paradox zu sein, dass der französische Philosoph René Descartes (1596 – 1650 n. Chr.), der mit seiner Theorie der reinen Vernunft die „Körper-Maschine" als vom Geist getrennt ansah, von einer religiösen Grundhaltung ausgegangen war: „Das Motiv war sicherlich respektabel, eine tiefe religiöse Ehrfurcht vor der Unsterblichkeit der Seele. Die Kirche war der Wächter der Seele und auch der Wissenschaft selbst. Gegenstand der Wissenschaft war die res extensa, die angeblichen Objekte im Raum. Die res cogitans, die Dinge des Denkens also, lagen im Inneren des Menschen und waren nur dem einzelnen Menschen in seiner persönlichen Beziehung zu Gott bekannt. „Ich denke, also bin ich", hatte Descartes verkündet, und damit war jede weitere Diskussion über den Status des Beobachters beendet."[20]

Abkehr vom menschlichen Ganzsein

Dennoch führte seine absolutistische und despotische Natursicht zu einer Abkehr von der Schau nach innen. Descartes' Denkmodelle verdrängten das Bewusstsein des psychischen Ganzseins, das Gefühl, mit der Natur verschmolzen und mit dem Kosmos verwoben zu sein. Die Seele des Menschen verlor zunehmend an Beachtung und Wertschätzung.

Die „mechanistische Philosophie" verstand Materie und Bewegung als Ausgangsbasis aller wissenschaftlichen Erkenntnisse. Sie ging von einer strengen Trennung zwischen Beobachter und Beobachtetem aus: Subjekt und Objekt waren voneinander abgespalten. Der Mensch fühlte sich nicht mehr als Teil seiner Erfahrungen. Die Welt wurde verdinglicht und auch der Mensch erlebte sich als Objekt. Die Seele wurde Nebensache, denn der Mensch war nun Objekt der Betrachtungen, welches mit Skalpell, Elektrosonde und Mikroskop aufgeschlüsselt werden konnte.

Berechenbarer Mensch

In dieser verdinglichten Weltsicht, die bestrebt war, Probleme mittels Quantifizierungen und Berechnungen zu lösen, betrachtete man den Menschen im Wesentlichen als seelenloses Funktionsobjekt.

Wichtig: Um einen Arbeitsplatz zu sichern, verkaufen immer mehr Menschen ihre Seele. Sie verbringen einen großen Teil ihres Lebens als „Arbeitstiere", die ihre Fähigkeiten vorwiegend zum Gelderwerb einsetzen. Wenn sie den Acker verlassen, grasen sie auf der eingezäunten Wiese, die ihre Weltsicht einengt. Nachdem sie gearbeitet haben, um ihr Leben zu „unterhalten", suchen sie eine Art der „Unterhaltung", die kein Nachdenken verlangt und haben keine Zeit mehr, sich richtig zu unterhalten. In der heutigen Zeit wird dieser verdummende Kreislauf langsam erkannt, und wir wissen, dass die kognitiven Fähigkeiten eines Menschen nur zu einem Leistungsoptimum gesteigert werden können, wenn die Arbeit eine lebendige Erfahrung im Inneren erlaubt.

Der Mensch im Getriebe

Das Uhrwerk läuft

Auch das Gedankengut des englischen Philosophen Thomas Hobbes (1588 – 1679 n. Chr.) ist heute noch aktuell. Mit seiner mathematisch-mechanistischen Naturauffassung bezeichnete er Denken lediglich als die „Gesamtsumme durch Addition von Teilen" oder als Rest, der durch die Subtraktion einer Summe von einer anderen bleibt. Psyche und Seele wurden gering geschätzt, der Mensch als System von Zellen, Poren und Kanälen betrachtet. Von der Ganzheit getrennt, versuchte der so denkende Mensch, die Natur zu beherrschen. Er verdrängte seine tieferen Erfahrungen und versuchte, alle Lebensbedingungen rein physikalisch zu erklären. Künstliche, physikalisch-mathematische Modelle ließen die Welt – ein Uhrwerk, das der göttliche Uhrmacher in Gang gesetzt hatte – kalt, hart und leblos erscheinen.

Wichtig: Hobbes wissenschaftliche Prinzipien messen der Seele keinen Wert bei und degradieren den Menschen zum bloßen Objekt. In dem von Hobbes entworfenen, autoritären Machtsystem wird der Mensch für unmündig erklärt – ein Rädchen im Weltgetriebe.

Leviathan: die starke Hand

In seiner Staatstheorie erschuf er einen künstlichen Menschen, „Leviathan", ein „Staatsmonster", kreiert aus der Summe aller Individuen. Hobbes, der sich gegen die griechische Philosophie mit ihrer Idee des Menschen als Gemeinschaftswesen in der Gesellschaft auflehnte, sprach sich – ganz Materialist – für einen starken Monarchen aus. Der Hintergrund: Alle Menschen wollen besitzen, und das, was sie haben wollen, von anderen bekommen. Deshalb steht jeder immer im Krieg mit allen anderen – eine beständige Angstsituation. Aus dieser Angst heraus ist man bereit, sich einer starken Autorität unterzuordnen.

Haben, kriegen, besitzen

Wichtig: Diese „Dauerangst" ist auch in unserer Zeit zu spüren. Hightech, globale Welt, virtuelle Vernetzung – Begriffe der abstrahierten Lebenswelt von heute. Das Einzelne, kaum noch fassbar, wird entkörpert, ein Abstraktum, das jeglicher Gefühlsbindung entbehrt. Als Leitbild regiert das „Haben", und als Folge die Angst, wenn die Werte des Habens, des Materiellen, bedroht oder in Frage gestellt werden. In einer Welt, in der sich der Mensch zunehmend vom Echten und Lebendigen distanziert, ist solch materialistisches Denken besonders gefährlich, denn es kann zur Rechtfertigung von Maßnahmen dienen, die jeglichen ethischen

Hintergrund entbehren. Das automatisierte Dasein führt zu einem mangelnden Selbstwertgefühl und erweckt eine unbewusste Sehnsucht nach einer Autorität, sei es privat, im Unternehmen oder auf staatlicher Ebene.

Sehnsucht nach der starken Hand

In der Zeit der Aufklärung bestimmten zwei entscheidende Instanzen die Vorstellung von Macht:

- eine „gottverordnete" Obrigkeit (die Hirten), der die Betreuung der Untertanen (der Schafherde) übertragen wurde, die aber im Namen der Tugenden Gottesfurcht, Gerechtigkeit, Liebe, Milde und Bescheidenheit durch Erzeugen von Schuld- und Angstgefühlen ihre Herrschaft ausübten,
- der absolute Herrscher, dem es um die Stärkung und Sicherung seines zentralisierten Machtstaates ging.

Selbstzucht als Kardinaltugend

Es änderten sich auch die Erwartungen, die man an die charakterlichen Qualitäten des Herrschers stellte. Vor allem die Jesuiten übten einen starken Einfluss aus: „exercitium, ordo, coerctio, exemplum" – Übung, Ordnung, Selbstzucht, Vorbildlichkeit – waren die neuen Richtlinien. Disziplin, Distanz und Kontrolle der Gefühle wurden zu Tugenden erklärt. Im 17. Jahrhundert erwartete man vom Monarchen Tatkraft und Kampfbereitschaft, verbunden mit einer heroischen Standesideologie. Ebenso wurde die Eloquenz als eine hochgeschätzte Fähigkeit erachtet, die das Regieren erleichterte.

Wichtig: Einerseits wurde die Kommunikation durch die fragmentarische Denkweise Descartes' verstandesorientierter, anderseits diente die Sprache aber auch der Vermittlung von religiösen Fragen, die rational aufgeschlüsselt werden sollten. Letzteres verlangte die Akzeptanz offenbarter Glaubensprämissen, die nach wissenschaftlichen Maßstäben nicht erfassbar waren. Der englische Naturforscher Sir Isaac Newton (1643 – 1727 n. Chr.), dessen bahnbrechende Theorie die Welt mathematisch aufzuschlüsseln schien, verstärkte die vernunftgeprägte Weltsicht der damaligen Zeit.

Charles Darwins (1809 – 1882 n. Chr.) Abstammungslehre mit dem Gedanken, dass der Lebensfähigste im Überlebenskampf der Anpassungsfähigste sei, regte zu diktatorischem Denken in der Politik und Wirtschaft im 20. Jahrhundert an, obwohl Darwin sich sicherlich auf Grund seiner liberalen politischen Vorstellung gegen solche Auswirkungen aufgelehnt hätte.

Erfolgs-Tipp:
Hüten Sie sich vor dem falsch verstandenen Darwinismus, der heute noch als Alibi für die Notwendigkeit rücksichtslosen Verhaltens im Umgang mit anderen benutzt wird.

Zusammenfassung

Dualistische Paradigmen

Die alten dualistischen Paradigmen („Gut und Böse", „Seele und Geist", „Verstand und Gefühle/Körper"), die seit dem Mittelalter und dem cartesianischen Denken vorherrschten, trennten Innen und Außen. Auch wenn diese dualistische Weltauffassung der Vergangenheit ihren Ausschließlichkeitsanspruch verloren hat, so basiert doch heute noch die Wirklichkeitsinterpretation der Mehrheit auf Descartes' und Newtons Gedankenparadigmen.

Linkshirn-lastige Seinsvorstellungen

Ohne die cartesianische Art des methodischen Denkens, die dazu dient, Teilbereiche anhand von linearem, quantifizierendem Denken zu bestimmen, wären die enormen, kontinuierlichen, wissenschaftlichen Fortschritte bis zur heutigen Zeit überhaupt nicht denkbar. Die Bruchstückhaftigkeit dieser Weltsicht entwickelte sich zur statischen, linkshirn-lastigen Seinsvorstellung, die den Materialismus des 19. Jahrhunderts kennzeichnet und heute noch in ihrem Streben nach Eindeutigkeit unser Denken beeinflusst. In der Techno-Welt des 21. Jahrhunderts erhebt diese Art des Denkens den Anspruch, wissenschaftlich und somit „unfehlbar" zu sein. Zugleich wird aus der heutigen, wissenschaftlichen Sicht die Vergötterung der „Rationalität" zunehmend als einer der großen Mythen der modernen Zeit betrachtet.

Auch heute noch, wenngleich wesentlich subtiler, sind Macht und Unterwerfung aktuelle Themen. Die Kommunikation dient immer noch der Vermittlung von politischen Strategien und Ideologien im Wechselspiel von Herrscher und Untertan. Der konditionierte Mensch ist sich der subtilen Art der Manipulation weniger bewusst. Schuld und Angst sind nach wie vor Kommunikationsmethoden zur seelischen Unterjochung.

Neues Denken, neue Sprache

Gleichzeitig zeigt sich trotz aller Brutalität und Grausamkeit im 21. Jahrhundert eine verstärkte Suche nach Sinnhaftigkeit. Der Mensch wird sich langsam bewusst, dass er weder eine Maschine noch irgendjemandes Untertan ist. Das Verstehen und Verändern unserer gedanklichen Gewohnheiten kann uns unsere verzerrte Art der Kommunikation vergegenwärtigen, und wir können uns von einer zweitausendjährigen Konditionierung befreien.

4. Verzerrte Kommunikation

Unser Gegenüber kann uns als Spiegel dienen

Eine verzerrte Kommunikation ist wie ein Zerrspiegel. Ein matter oder verschmutzter Spiegel kann keine Wirklichkeit abbilden, denn seine Reflexionsfähigkeit wird gemindert. Konvexe und konkave Spiegel geben uns wiederum ein ganz anderes Bild. In der Kommunikation kann unser Gegenüber unser Spiegel sein und uns unsere positiven sowie negativen Eigenschaften vergegenwärtigen. Manchmal sind es überlieferte, ungültige Verallgemeinerungen, die unser Bild vom anderen färben und zu Konsensdenken führen.

Wir erlernen die Kunst, uns zu schützen, indem wir unsere Gefühle verstecken, weil wir erfahren haben, dass es besser ist, nur sozial angepasste Gefühle zu zeigen. Je nach Situation zeigen wir das gewünschte Gesicht. Es wird als normal und sogar als wünschenswert erachtet, Gefühle hinter einer steinernen Maske zu verbergen. Wir spüren, dass sogar die Trauer über den Tod einer nahe stehenden Person in der heutigen Gesellschaft als Schwäche verstanden werden könnte, und überspielen unsere tiefe Betroffenheit, indem wir uns mit automatisierter Kommunikation tarnen. Um nicht unangenehm aufzufallen, passen wir uns dem Konsensdenken an und vermeiden damit, dass unser Schicksal den anderen an seine innersten, verdrängten Ängste erinnert und dass wir durch das Schicksal des anderen an unsere eigene Verletzlichkeit herangeführt werden.

Aus Scham lügen

Da wir Gefühle nicht preisgeben dürfen, lügen wir. Zudem selektiert jeder Mensch die Inhalte aus dem Gesamtzusammenhang, die er hervorheben möchte, und differenziert zwischen den Informationen, die er für sich behält und den „Fragmenten", die er mitteilen möchte. Es gibt nur wenige Lebenslagen, in denen wir „ganz offen" sein können.

Wichtig: Wir sollten unterscheiden, ob jemand auf Grund des Vertrautheitsgrades und der Situation nicht „offen" ist oder ob er zu lügen beabsichtigt. Manchmal lügt jemand, um den anderen zu schonen. Dahinter steht eine andere Absicht, als wenn jemand bewusst lügt, um uns zu schädigen.

Der richtige Zeitpunkt

Erfolgs-Tipp:

Die Wahrheit sollten Sie nicht immer gleich aussprechen, oder zumindest nicht zu einem ungünstigen Zeitpunkt oder in bestimmten Lebensumständen. Denn sie könnte zum falschen Zeitpunkt so unangenehm, verletzend oder kompromittierend sein, dass Sie einen nicht wieder gutzumachenden Schaden anrichten.

Im Zeitgeist des Ich-Kultes will jeder erfolgreich sein, so dass die Kommunikation unter einem Mangel an Achtsamkeit leidet und verzerrt wird. In der folgenden Checkliste finden Sie einige Beispiele einer verzerrten Kommunikation, die einen menschlichen Umgang beeinträchtigt.

Checkliste: Verzerrte Kommunikation

Sprachform	Beispiel	Beurteilung
■ Verallgemeinerung und Verabsolutierung	„Frauen sind nicht für Führungspositionen geeignet"	
■ Kulturelle Schablonen	„Amerikaner sind oberflächlich"	Solche Pauschalisierungen nationaler Eigenschaften beruhen wohl kaum auf einer gerechtfertigten, langjährigen Erfahrung, sondern sie sind hauptsächlich auf die übernommenen Meinungen anderer oder der Medien zurückzuführen.
	„Amis", „Japse" „Polacken-Frau"	Solche banalen Begriffe sind abwertend. Streichen Sie sie aus Ihrem Wortschatz.
■ Schwarzweißmalerei	„Wenn Markus diese Stellung nicht bekommt, bedeutet es seinen finaziellen Ruin"	Solche Unkereien verunsichern Ihr Gegenüber und nehmen ihm jede Motivation.
	„Wenn die Mitarbeiter nicht bereit sind, mehr Überstunden zu machen, wird die Firma das nicht überleben"	
■ Polares Denken	„Es gibt nur Gewinner oder Verlierer"	Wer nur entweder/oder kennt, verliert den Sinn für Zwischentöne.

4

Konditionierung

Konditionierung zum Gehorsam

1. Vaterbild 90

2. Der Fall Schreber 92

3. Das Patriarchat als Führungsmodell . 94

4. Der Unternehmer: Autoritärer Vater 96

5. Das „Kind" im Unternehmen 98

1. Vaterbild

„Vater schuftet, drum sei dankbar!"

Wir sind bereits mit drei Jahren durch die emotionalen Erfahrungen mit den Handlungen und dem Verhalten der Eltern geprägt. Das kleine Kind gewinnt eine unbewusste Einstellung zur Arbeit, wenn es Sätze hört wie: „Rege Papa nicht auf! Sei ganz still und brav! Er hat heute so viel gearbeitet." Dem Kind wird von den Eltern eine Vorstellung von „Arbeit" vermittelt, die mühselig, lästig und als etwas von dem glücklichen Leben Getrenntes erscheint; eine notwendige Last, ein Opfer für die Kinder und für die Personen, für die der Vater und die Mutter Verantwortung tragen. Die Redewendung „kleine Brötchen backen" versinnbildlicht den langsamen Weg zum Erfolg. „Die Arbeit macht uns zwar keine Freude ...", „Dein Vater schuftet sich für dich ab, und du bist noch nicht einmal dankbar!", „Für dich habe ich alles aufgegeben! Dir soll es gut gehen." sind Sätze, die keinem gut tun, leider aber allzu oft ausgesprochen werden.

Viele Wünsche werden bereits in frühester Kindheit erstickt

Viele Wünsche werden bereits früh erstickt, das Spiel von der Arbeit abgeschnitten. „Jetzt darfst du noch spielen, jetzt, aber bald kommt der harte Tag der Wahrheit, der Realität, wo es ums Brotverdienen geht, dann wird das Leben schwer. Es muss gekämpft werden, denn andere wollen einem das Bisschen, was man erarbeitet hat, wegnehmen. Man braucht nur die Nachrichten zu lesen, überall Gefahr! Sei bloß froh, dass du ein Dach über dem Kopf hast! Denke bei deiner Berufswahl vor allem an das Geld. Geld ist deine Sicherheit."

Es gibt viele Gedanken und Worte, die einem Kind vermittelt werden. Vor allem solche, die eine negative Grundeinstellung der Eltern ausdrücken, hinterlassen einen Stempel. Entweder rebelliert das Kind oder fügt sich als erwachsener Mensch innerlich in ein unabwendbares, negativ geprägtes Schicksal.

Wichtig: Die Grenzen, die im frühen Kindesalter auch von den wohlmeinenden Eltern gesetzt werden, können die Entwicklung des Kraftpotenzials derartig blockieren, dass viele Menschen sich ihrer wirklichen Fähigkeiten überhaupt nicht bewusst werden.

Einerseits erlebt das Selbst des Kindes überall Grenzen und fügt sich, weil es bei den „anderen" sonst negative Aufmerksamkeit erregen würde. „Sei ruhig, sei brav. Nein, das darfst du nicht". Andererseits werden keine sinnvollen Grenzen gesetzt, weil bestimmte Verhaltensweisen den Eltern angenehm sind und das Leben einfacher machen. „Lass den Kleinen den Krimi sehen. Das schadet schon nicht ..."

Die Kunst, Grenzen zu setzen

Sinnvoll Grenzen setzen können ist eine Fähigkeit, die jeder Manager dringend braucht. Die frühe Konditionierung seines Verhaltens, vor allem durch das Vaterbild, ist ein mitdeterminierender Faktor und wird die Art, wie er als Führungspersönlichkeit handelt, mitbestimmen. Ein weiterer Aspekt, der zu Konditionierung unseres Verhaltens und unserer Kommunikation führt, ist der Einfluss der Familie auf die Individualentwicklung. Im Folgenden werde ich mich auf das Vaterbild beschränken, da es als wirtschaftliches Leitbild eine besondere Bedeutung hat.

Die Vorstellung des Vaterbildes ist maßgeblich für die Prägung des Selbstbildes eines Menschen, denn sie beeinflusst die individuelle Bereitschaft und Fähigkeit zur Selbstverantwortung. Auch die Art der Kommunikation ist grundlegend von der Vorstellung des Vaterbildes geprägt. Ein eigenständiges, verstandesbetontes Kind, das Regeln hinterfragt, ist nicht erwünscht, denn „gut sein" bedeutet oft „gehorsam sein". In einem Wechselspiel von Liebe und Hoffnung unterwirft sich das Kind dem „guten" Vater.

Preußischer Drill

Achtung: Das linkshirn-denkende, väterliche Prinzip wird überbewertet. Dieses väterliche Prinzip hat in Deutschland, vor allem in der preußischen Erziehung, eine lange Tradition. Heute noch drückt es sich unter anderem in der deutschen Neigung zur Regulierung und zu Vorschriften aus.

2. Der Fall Schreber

Eigensinn ist böse

Robert Bly beschreibt, wie um 1850 in einer Geschichte von Alice Miller das Wort „Eigensinn" nicht nur als etwas Negatives, sondern sogar als eine Art Bosheit verstanden wurde. Der Eigensinn war eine Art Krankheit, von der das Kind kuriert werden sollte. Um diesen Eigensinn zu brechen, waren entsprechende Strafmaßnahmen erforderlich. So, erklärt Bly, wurde auf Kinder so etwas wie „böse Schwäche" projiziert. Vom Patriarch können Schwäche, Sehnsüchte und Gefühle nicht geduldet werden, da er seinen emotionalen Bereich selbst bereits beschnitten und verkrüppelt hat.

Das männliche Prinzip will kategorisieren und ordnen. Die Gefühlswelt wird als störend empfunden und findet in einem solchen System keinen Platz. Ordnung, zum Hauptparadigma erhoben, produziert, wenn die kreativen Kräfte nicht fließen dürfen oder können, eine geistige Lähmung. Alles, was nicht nach festgesetzten Kriterien zerlegt werden kann, was nicht vom analytischen Verstand nachvollziehbar ist, wird weggeschoben, verdrängt, weil es die innere Sicherheit gefährdet. Weil diese Sicht einseitig ist, wird die Selbstreflexion verhindert. Es folgt ein Gefühl der Depression und Sinnlosigkeit.

Schrebergärten, Blumen ziehen

Nach Ansicht Freuds haben in Deutschland die Lehren und Aktivitäten von Dr. Daniel Gottlob Moritz Schreber einen bleibenden Einfluss auf die Erziehung gehabt und Denk-, Sprach- und Handlungsstrukturen mitbestimmt. Im 19. Jahrhundert und auch später wurde die Erziehung vom Ziel des totalen Gehorsams gegenüber dem Vater geprägt. Dies wurde durch Angst vor dem Vater erreicht. Die in Deutschland heute noch bekannten Schrebervereine und -gärten erinnern an Schreber, der über Erziehung und Körperkultur schrieb. Die psychischen Auswirkungen von Schrebers perfektem System der Unterdrückung zeigen sich unter anderem an der Entwicklung, die seine beiden Söhne genommen haben. Der ältere Sohn beging Selbstmord, und sein Bruder Jean Paul wurde in eine Anstalt eingewiesen. Dieser Fall ist relevant, weil er auf eine Erziehungstendenz hinweist, die nicht nur eine individuelle Wirkung zeigt, sondern auch tief greifend auf das soziale Verhalten wirkt.

Autoritäre Familie, totalitärer Staat

Wichtig: Der Psychiater Morten Schatzmann zeigt in seinem Buch „Angst vor dem Vater", wie der Mikrokosmos der autoritären Familie zum psychischen Potenzial für den Makrokosmos des totalitären Staates wird. Um eine politische Langzeitwirkung zu verhindern, müssen wir die prägende Vorstellungswelt verstehen.

Schreber entwickelte ein System der Unterdrückung, das schon beim Säugling ansetzte. Bereits mit fünf bis sechs Monaten sollten die Eltern mit der Einprogrammierung des Gehorsams beginnen. Der „Eigensinn" musste gebrochen werden, um dem Kind zu helfen, den Weg zum „Guten" und „Richtigen" zu beschreiten. Er schrieb wie folgt über Kinder, die noch nicht ein Jahr alt sind: „Unsere ganze Einwirkung auf die Willensrichtung des Kindes erstreckt sich zur Zeit auf die Gewöhnung an unbedingten Gehorsam ... Es darf in dem Kinde der Gedanke gar nicht aufkommen, dass sein Wille herrschen könnte. Vielmehr muss die Gewohnheit, seinen Willen dem Willen der Eltern oder Erzieher unterzuordnen, in ihm unwandelbar befestigt werden."[21)]

Unbedingter Gehorsam

Schreber klassifizierte Gedanken, Gefühle und Handlungen nach dem Schema gut/edel oder böse/niedrig. Er wollte das Böse, das Unkraut vernichten und glaubte, dieses erkennen zu können. Er verlangte unbedingten Gehorsam mit dem Ziel, dem Kind den Willen der Eltern als seinen eigenen zu vermitteln. Den darin enthaltenen Widerspruch erkannte Schreber nicht: Selbstständigkeit und Selbstgefühl werden seiner Meinung nach nur durch Gehorsam erreicht. Unabhängigkeit und gar Freiheit führen schnell zum Ungehorsam. Die umfassende Kontrolle, die etwa 20 Jahre dauern soll, befreit das Kind vom Unedlen und Bösen. Erziehung bedeutet, nach Schreber, Unterwerfung, ein Motto, das in heutiger Zeit Macht zu einem Leitfaktor im Management werden ließ.

3. Das Patriarchat als Führungsmodell

Das unterdrückte Unterbewusstsein projiziert sich nach außen

Die innere Ausrichtung auf das väterliche Prinzip ist mit einer Verdrängung des eigenen Unterbewusstseins gepaart. Das ungelebte Weibliche – meistens das gefürchtete „Dunkel" – wird zum Sündenbock. Auf diese äußere Projektion wird nun die gesamte unterdrückte eigene „Dunkelheit" und „Bösartigkeit" gerichtet. Wird dieses „Negative" von einer Übervater-Führungsfigur definiert, ist der „Sohn" bestrebt, ein vorbildlicher, heroischer „Retter" zu sein. Er wird zum „Ritter" geschlagen, fühlt sich erhöht, mit dem Kollektivziel vereint und kämpft für das Heil.

Feindbilder entstehen

Achtung: Die gewaltige Vereinigung solcher kollektiver, unterdrückter, unbewusster Kräfte erweckt im Einzelnen Triebe, die schlummerten und jetzt mit einem klar definierten Feindbild einen scheinbar berechtigten Grund haben, sich frei auszudrücken.

Die Minderung der eigenen Kraft und der Identitätsverlust werden im Rausch des kollektiven Eingebettetseins überhaupt nicht wahrgenommen. Die Projizierung des eigenen „Dunklen" nach außen ermöglicht eine Scheinmacht im Kollektiv, auch wenn sie ein Verzicht auf den Eigensinn, d. h. der Sinn des eigenen Selbst, bedeutet.

Vom „Übervater" loslösen

Dem braven Sohn ist es fast unmöglich, sich vom „Übervater" zu lösen, da dies zugleich einen Verzicht auf das Feindbild bedeuten würde. Dann müsste er seiner eigenen Schattenseite, seinem Unterbewusstsein begegnen oder sich selbst neuen Feindbild-Projektionen hingeben.

Erfolgs-Tipp:

Sich ganz wahrnehmen, samt seiner Schatten, ermöglicht erst die innere Ruhe und Gelassenheit, die das volle Erfahren der kreativen sowie intellektuellen Kräfte erlaubt. In seine Sicherheit und Ordnung eingekerkert, verharrt der Mensch in Statik.

Erst das wahre Selbstbewusstsein kann Vertrauen in die Zukunft vermitteln und den Ideenreichtum, der im Zeitalter der Globalisierung erforderlich ist, erwecken. Doch Voraussetzung ist die Begegnung mit und die Akzeptanz der Schattenseite.

Sonst ist Eigenliebe nicht möglich, und jegliche tiefe Gefühlsverbindung zum anderen ist gehemmt.

Wichtig: Bewusstsein ist ohne Selbsterkenntnis unmöglich. Bewusstwerden erfordert die Begegnung mit der Schattenseite, da die innere Welt der Wertigkeit vor allem bei den westlichen Menschen in Vorstellungen von Dunkel und Hell polarisiert ist. Bleibt das Unterbewusstsein, das „Dunkle" verdrängt, entstehen Projektionen des Dunklen.

Machtspiel: Beherrschen und Unterwerfung

Die seelischen Eigenschaften, die das äußerlich Unsichtbare als inneres Bild erscheinen lassen und Stille hörbar machen, werden in der ratio-geprägten Denkweise als Passivität abgetan. Erstrebenswert sind nach außen gerichtete, risikofreudige, männliche Leitbilder. Oft hegt dieser aggressive Managertypus die Weltsicht: „Die Natur ist grausam. Es gibt keine Moral.", und entzieht sich somit seiner menschlichen Verantwortung.

Meist beruft er sich auf die exakten Wissenschaften, um seine verkümmerte emotionale Erlebniswelt zu tarnen. Gefühlsmäßig zurückgeblieben, spielt er das Machtspiel „Beherrschen und Unterwerfung". Auf der Suche, seinen verdrängten Energien einen Weg nach außen zu öffnen, genießt der tendenziöse Sadist in seiner Kommunikation die Macht, die er in seiner Kindheit nie gewagt hatte auszuüben. Die Erfahrung, jemanden mit seinem Ankeifen und Zurechtweisen zu tyrannisieren, steigert sein Gefühl der Vitalität.

Der militärische „Kommando"-Stil

Der masochistische Mitarbeiter, der sich bereitwillig diesem Tyrannen fügt, kann in seiner passiven Hingabe und Bereitschaft „Höllenqualen" erfahren, die ihn aus seiner Leere und Ambivalenz zwingen. Der militärische „Kommando"-Stil soll Wut und Angst auslösen. Reagiert jemand vollkommen anders als erwartet und bleibt ruhig, wird er verunsichert.

Erfolgs-Tipp:

- Es lohnt sich nicht, Machtbesessenen mit harten Argumenten zu widersprechen. Viel besser ist es, ihm ein Stückchen „Zucker" zu geben. Egal, wie er sich verhalten hat, er wird erstaunt sein, einem Gegenüber zu begegnen, das sich nicht einschüchtern lässt.
- Machen Sie ihm ein belangloses Kompliment über irgendetwas Unwesentliches, und er wird Sie nicht mehr als einen zu bekämpfenden Feind betrachten. Wenn Sie sich dann zurückziehen, kann sich der tyrannische Manager abreagieren.
- Seien Sie beim nächsten Gespräch wieder ganz ruhig und freundlich, so, als sei nichts vorgefallen, und stimmen Sie ihm in bedeutungslosen Kleinigkeiten zu. Bald darauf können Sie ihm Ihr wirkliches Anliegen vortragen, aber so, als ob Ihre Gedanken in seinem Sinne seien.

Bleiben Sie positiv!

Haben Sie sich durch Ihr Verhalten von all den ängstlich und wütend reagierenden Mitarbeitern distanziert, wird es dem Großtyrann eventuell möglich sein, mit Ihnen in der Zukunft einen positiveren Umgang zu pflegen, und es könnte sogar sein, dass er später auf Ihre Meinung besonderen Wert legt.

4. Der Unternehmer: Autoritärer Vater

Szene:

Ich bin der Chef!

Paul sitzt hinter seinem Schreibtisch und scheint in seine Arbeit vertieft zu sein. Mike steht an der Tür und wartet geduldig, überdenkt seine schizophrene Lage. Paul hat wieder neue, junge, begabte Leute in der Marketing-Abteilung eingestellt, hat aber keine Ahnung, was er mit ihnen anfangen soll. Er ist scheinbar gar nicht an kreativer Arbeit interessiert, er ist eher eine Art von Budgetverwalter. Der Gesamtgewinn ist in den letzten Jahren zurückgegangen. Für Mike als Marketing-Mann ist das Firmen-Image das Wichtigste.

Endlich blickt Paul Mike an: „Setzen Sie sich. Ich erwarte, dass Sie sich um die neuen Mitarbeiter kümmern, und ich erwarte von Ihnen Selbstständigkeit und Kreativität. Und Sie sollen sich vor allem an meine Vorschriften halten! Ich bin der Chef! Ich habe schließlich zwanzig Jahre Erfahrung, und ich trage die Verantwortung! Ich erwarte, dass meine Vorstellungen umgesetzt werden. Sie wissen, was ich Ihnen letztes Mal gesagt habe. Ich möchte es nicht ewig wiederholen müssen. Ich danke Ihnen für unser Gespräch". Paul blickt auf die Uhr. „Alles Wesentliche ist gesagt. Alles klar, Mike?"

Mike nickt und verlässt mit langsamen Schritten den Raum. Paul blickt auf den Briefumschlag auf seinem Schreibtisch und nimmt das Photo seines Vaters heraus: ein schmächtiger Mann mit einer schmalrandigen Brille. Er hatte es nicht geschafft, zu seinem 80. Geburtstag zu fliegen. Zu viel Arbeit.

Ungern erinnerte er sich an ein Gespräch, das er vor ungefähr fünfzehn Jahren mit seinem Vater im väterlichen Betrieb geführt hatte.

Wie der Vater, so der Sohn

Paul folgte seinem Vater, der sein versteiftes Bein nachzog, in das modrige Fabrikgebäude. Als die Augen seines Vaters auf ihm ruhten, spürte Paul dieselbe Verunsicherung, von der er als kleiner Junge durchdrungen war. Vaters Erklärung über den gegenwärtigen Betrieb mündete in der Aussage: „Jeder muss wissen, wer der Chef ist! Und wenn ich es nicht mehr sein kann, wirst du es sein. Dafür habe ich gelebt." Satzfetzen seines Vaters brachen über ihn herein: „Es ist deine Pflicht, durch deinen Blick Kraft und Dynamik auszustrahlen ... Verlass dich auf deinen gesunden Menschenverstand ... Halte dir gute Fachleute ... Jeder muss spüren, dass du der Boss bist! Denn du bist schließlich der ... Nur du entscheidest ... Einer muss hart und rücksichtslos ... Alles in Ordnung halten!" Es folgte ein Schweigen. „Sag mir, dass du den Betrieb übernehmen wirst, Paul."

Paul schüttelte den Kopf und räusperte sich. Er hörte seinen Vater das Wort „Versager" aussprechen. Das Wort schallte in seinem Kopf, hatte eine Übermacht, der er sich ausgeliefert fühlte.

„Es ist deine Pflicht ..."

Paul legt das Photo seines Vater zurück in den Umschlag und spürt, wie eine in ihm bisher unterdrückte Wahrheit sich ankündigt: „Seit vierzig Jahren lebe ich, was er will. Fühle mich wie ein Nichts. Ein Versager." Paul verdrängt den Gedanken und beschließt, ab morgen mehr Durchsetzungskraft zu zeigen.

Selbstzweifel statt Spontaneität

Der autoritäre Vater hat Pauls Eigenwillen und Spontaneität von der frühen Kindheit an unterdrückt. Selbstzweifel und Gewissensbildung verhindern Pauls Rebellion, bis er Chef seines eigenen Unternehmens ist, in dem er seine Kontroll- und Machtwünsche auslebt.

Pauls Vorstellung von Kreativität ist, dass andere seine Einfälle verwirklichen. Seine Ideen sollen seinen Vorschriften und Regeln entsprechend ausgeführt werden. Nun hat er die Rolle seines autoritären Vaters übernommen und behandelt Mike wie einen unmündigen Sohn, der ständig kontrolliert werden muss. Paul erwartet von ihm Unterwürfigkeit und Respekt und kommt überhaupt nicht auf den Gedanken, Mike könne tatsächlich einen wertvollen Beitrag auf gleicher Ebene leisten.

Unter Hypnose

Noch heute wirken der strenge Blick seines Vaters und seine Worte wie die eines Hypnotiseurs auf ihn. Obwohl er selbst unter seinem Vater gelitten hat, ist er sich seines ausgeprägten Bedürfnisses, seine Mitarbeiter zu kontrollieren, nicht bewusst. Er möchte zwar Mike für seine Ziele einsetzen, hält ihn aber nicht für ebenbürtig. Mike und die anderen Mitarbeiter sind demotiviert, und Paul betrachtet es als „gut" und unerlässlich, seinen Willen durchzusetzen.

5. Das „Kind" im Unternehmen

Der Selbstwert der Eltern beeinflusst den Selbstwert des Kindes

Der Selbstwert der Eltern beeinflusst den Selbstwert des Kindes. Wenn die Eltern glauben, dass sie niemals aus ihren persönlichen oder beruflichen Schwierigkeiten herauskommen werden, neigt auch das Kind dazu, als erstes eine pessimistische Grundeinstellung einzunehmen und sich machtlos zu fühlen. Die Kommunikationsfähigkeit und die Art der Kommunikation der Eltern und der Geschwister untereinander prägt das spätere Verhalten des Erwachsenen zum Lebenspartner und auch zu seinen Kollegen und Mitarbeitern.

Wenn das Kind niemals seine Mündigkeit in der Familie unter Beweis stellen durfte, sich nicht als etwas Besonderes und Wertvolles empfunden hat, wird es Bestätigung außerhalb der Familie suchen. Der Jugendliche verschafft sich vielleicht zuerst in einer Freundesgruppe Geltung und will damit das „Sei-lieb-und-brav"-Muster durchbrechen. Das Erleben und das Verhalten anderer auch mitbestimmen zu können, genauso, wie es die Eltern früher getan hatten, übt jetzt einen unerhörten Reiz aus, so dass Druck und Kontrollausübung leicht zu Verhaltensmechanismen werden können, die ein wahres Selbstwertgefühl ersetzen.

Jahrelang im „Lieb-Kind-Sein“ unterdrückt

Wut, die oft jahrelang im „Lieb-Kind-Sein" unterdrückt war, bricht aus, um meistens nach einiger Zeit – aus Angst, nicht akzeptiert oder geliebt zu werden – wieder unterdrückt zu werden, ohne dass die Quelle der Wut verstanden wurde.

Oft kann ein Außenstehender auch viele Jahre später die Beweggründe für den mangelnden Selbstwert seines erwachsenen Gegenübers nicht nachvollziehen, weil er den Ursprung verdeckt. Das Verhalten, Handeln oder die Erscheinung, die früher von irgendeiner Autoritätsperson kritisiert oder belächelt wurde, bleibt jedoch im tiefsten emotionalen Erleben präsent. Auch wenn die Erinnerung an den früheren Schmerz, „nicht gut genug zu sein", aus verschiedenen Gründen verdrängt wird, bleibt eine Blockade, die sich im beruflichen sowie im privaten Leben ausdrücken kann. „Die Bohnenstange", die sich schon längst zu einer schönen Frau entwickelt hat, spürt ein unerklärliches Gefühl der Unsicherheit und Unzulänglichkeit durch die unterbewusste, tiefe Prägung der scheinbar lustigen Aussage.

Verdrängte Ursachen

Gebranntes Kind

Der erfolgreiche Chef eines großen Unternehmens wird trotz seines guten Aussehens, seiner Intelligenz und Gewandtheit plötzlich unsicher, wenn er vor einer kleinen Gruppe von Mitarbeitern eine Rede hält. Weil er als kleiner Junge ein Weihnachtsgedicht auswendig vortragen sollte, es aber nicht behalten konnte und dann verunsichert so lange herumgestottert hatte, bis alle Anwesenden lachten und der Vater sagte: „So was kann er nicht. Das wird er nie lernen!"

Das Kind schreit, weil die Mutter die Eiscreme nicht kaufen will. Verängstigt darüber, was andere denken könnten, fügt sie sich und kauft das Eis.

Der Abteilungsleiter brüllt seine Sekretärin an, weil sie sein Diktat noch nicht fertig getippt hat. Sie schweigt und verhält sich genau so taktisch schein-klug, wie ihre Mutter es immer mit ihren Vater gemacht hat. „Bloß keine Unruhe, Harmonie geht über alles." Das aggressive Wesen findet sein passives, duckendes Gegenüber.

Wichtig: Die aggressive Persönlichkeit hat im Kern dasselbe Problem wie die passive Persönlichkeit. Es fehlt beiden an Selbstwert. Der eine kämpft gegen seine feindliche Außenwelt, und der andere zieht sich vor ihr zurück.

Im Unternehmen Familie spielen

Die Mutter

Wie daheim, so in der Arbeit

Genauso, wie es in der schlechtesten Familie eine Vertrautheit gibt, die eine Sicherheit vermittelt, wenn auch nur die, dass das Kind weiß, wann sich wer ärgern wird, gibt es im Unternehmen ähnliche Rollenspiele. Die mütterliche Sekretärin, die meint, ihren Chef besser als seine Frau zu kennen, und anderen Mitarbeiterinnen genau vorschreibt, wann sie dem Chef was sagen können, lässt in ihrer mütterlichen, fürsorglichen Position keine anderen Mitarbeiter erwachsen werden und eigene Erfahrungen machen. Sie bestimmt.

Der Vater

Der väterliche Chef, der seinem Juniorpartner zwar kumpelhaft gegenübertritt, ihm aber ungerne Verantwortung überträgt, übernimmt die dominante Vaterrolle. Der Juniorpartner, der kleingehalten wird und immer wieder aggressiv aus seinem inneren Käfig heraus wild um sich schlägt, um sich zumindest den Schein von Macht zu bewahren, ist ein alltägliches Bild.

Die Tochter

Die Mitarbeiterin, ein verwöhntes Einzelkind, erheischt in ihrem Arbeitsumkreis nicht die nötige Aufmerksamkeit und wird immer wieder krank.

Der Sohn

Aus dem braven Jungen wird nun der „schuftende" Manager, der höflich zu den Kunden ist, aber tief innen viel verborgenen Groll spürt. Seine innere Unzufriedenheit und verdrängten Verletzungen belasten sein Verhältnis zu Mitarbeitern und Kollegen. Zu seinem Schutz errichtet er unausgesprochene Grenzen; er erstellt künstliche Regeln zur Untermauerung der Gewichtigkeit seiner Aufgabe, die jeder mitspielen soll.

5

Auf der Suche nach der Seele im Unternehmen

1. Seelenlos auf der „Wohlstandsachterbahn“ 104
2. Die vergessene Kraft der Seele 107
3. Die Seele: das Tor zur persönlichen Kommunikation 109
4. Die Seele im Unternehmen 111

Seele im Unternehmen

1. Seelenlos auf der „Wohlstandsachterbahn"

Gefangen in einer technokratischen Utopie, betrachten viele Manager Probleme ausschließlich unter wirtschaftlichen Gesichtspunkten; alles wird zu einer „Rentabilitätsfrage". Sie bestimmt die Wirklichkeit. Doch jeder weiß, dass der Zwang, die jährliche Wachstumsrate erhöhen zu müssen, nicht nur für einen dauernden Erfolg spricht, sondern gleichfalls eine Katastrophe ankündigen kann.

Ein Kreislaufdenken von Angst und Machtphantasien

Angetrieben von einem unbewussten Machttrieb, möchten manche Manager beherrschen und alles unter ihre Kontrolle bringen. In einem Kreislaufdenken von Angst und Machtphantasien versuchen sie in einem hoffnungslosen Wettlauf, mindestens einen kleinen Vorsprung zu gewinnen, um nicht zum Versager zu werden.

Kaum ein Manager wagt aus seiner „Wohlstandsachterbahn" innerhalb des Wirtschaftssystems auszusteigen, da er die Fahrt nicht mehr steuern kann. Er ist Objekt eines Systems geworden, das sich immer schneller bewegt. Sollte tatsächlich eine innovative Einsicht über die Frage „Angebot und Nachfrage" aufblitzen, fehlt die kreative Fähigkeit, sich sinnvollere Alternativen vorzustellen, weil bereits eine mentale und finanzielle Abhängigkeit vom System besteht. Ohne Integrität und in Sachzwängen gefangen, fehlt ihnen die Kraft, die richtigen Entscheidungen zu fällen, aus Angst, das Festgelegte und Statische zu verlassen.

Der Mensch, wird vergessen

So bewegt sich die Achterbahn im Kreislauf von Produktion und Wachstum. Der Mittelpunkt, der Mensch, wird vergessen. Sie mögen größere, wirtschaftliche Erfolge in der phantasielosen Wiederholung des Denkschemas erzielen, bleiben aber menschlich dabei auf der Strecke.

Der Zwang, erfolgreich zu sein

Gebunden an das „Erfolgszwang"-Denkschema mit den daraus folgenden Verhaltensregeln, eingeordnet im entsprechenden Sitz der Achterbahn, kommt tief im Innersten ein Gefühl der Einsamkeit und Selbstentfremdung auf. Die endlose Routine und die daraus folgende Selbstentfremdung, die durch falsche Intellektualisierung verteidigt wird, verblendet das Ich. Ein elementares Unsicherheitsgefühl bringt Angst hervor. Sie spüren den Verlust der inneren Freiheit, erahnen, dass ihre „Macht" nur eine Illusion ist, und erkennen zugleich ihr unbewusstes Bestreben, sich irgendeiner Autorität zu unterwerfen. In einem Sicherheitssystem eingeschlossen und zugleich davon ausgeschlossen, stagniert das eigene Denken und die eigene Vorstellungswelt.

Vom System beherrscht

Im System gefangen, denkt der Manager nicht seine eigenen Gedanken, spricht nicht seine eigenen Worte, lebt nicht sein eigenes Leben, sondern denkt, spricht und lebt unter der Zwangsvorstellung des Systems. „Beschäftigt" sein, sich in eine Flut von unbewussten Tätigkeiten begeben und sogar Stress werden als „aktivsein" verstanden. Schlaf, Ablenkungen, leere Vergnügungen und flüchtige Befriedigungen bestimmen oft die so genannte „Freizeit". Das Verhalten wird zunehmend starr und unnachgiebig. Die täuschende Vorstellung einer positiven Verwirklichung kann nur aufrechterhalten werden, wenn die Gefühle und das Mitgefühl unterdrückt bleiben. Dies wird jedoch meistens geleugnet und auf Grund der großen „Verantwortungen" und der „Überanstrengung" sogar verteidigt. Der Wunsch, allem zu entrinnen, den Schmerz der Erkenntnis zu verdrängen, führt manchmal zu der Suche nach Sensationen mit Hilfe von Alkohol und sexuellen Perversionen.

Schutz im Materiellen

Der von der „Ratio" gesteuerte Mensch versucht, seinen eingeengten Rahmen zu sprengen, wird unvernünftig und unberechenbar. Da niemand lange in einem so angespannten und erregten Zustand leben kann, sucht der Mensch wieder Schutz im Habhaften und Teilhaften. Die Enge, die unablässige Anspannung, macht missmutig, denn der Überblick über die Gesamtlebenslage ist vor lauter Einzelkenntnissen verloren gegangen. Mit ausschnitthaftem

Denken in Teilbereichen können die Schwierigkeiten nicht behoben werden.

Achtung: Die Realität zwingt zu einer kritischen Auseinandersetzung mit der eigenen Lebensweise und der Sinnbestimmung.

Eine innere Wandlung vollziehen

Doch wer setzt sich schon gerne mit sich selbst und mit der Welt kritisch auseinander? Es scheint angenehmer und ist in jedem Fall leichter, an alten Denkgewohnheiten haften zu bleiben. Das eigene Denken, Tun und Leben grundlegend zu ändern, eine durchgreifende, innere Wandlung zu vollziehen, ist eine große Herausforderung. Ein die Ganzheit umspannendes Bewusstsein bewirkt eine tief greifende, allumfassende Änderung des Lebens, denn es betrifft den Wahrnehmungshorizont des ganzen Menschen.

Die Folgen bedenken

Wichtig: Neben der wirtschaftlichen Aufgabe haben Manager heute außerdem zunehmend einen sozialen und gesellschaftlichen Auftrag, der nur erfüllt werden kann, wenn eine allgemeine Bewusstseinswandlung vorausgegangen ist. Es wird in der globalen Wirtschaft heute immer wichtiger, sich selbst in seiner Umwelt zu erkennen und sich der Folgen des Handelns für die eigene Zukunft und für die Zukunft anderer bewusst zu sein. Richtungsweisendes Kommunizieren und Handeln verlangt nicht nur ein erweitertes Verständnis anderer Kulturen mit anderen Gesetzmäßigkeiten und Werten, es verlangt die Einsicht des Herzens. Diese Einsicht kann in der intuitiven Erfahrung und über Introspektion zum dauernden Wissen werden.

Kommunikation aus dem inneren Selbst heraus

Das rasende Tempo unserer Zeit macht es schwer, in die Stille zu gehen. Die Hektik des modernen Lebens schränkt die kommunikativen Fähigkeiten ein. Erst aus großer, innerer Ruhe und Gelassenheit entsteht eine psychisch gesunde Kommunikation aus dem inneren Selbst. Die Stille nährt Kreativität. Kreatives Denken und Kommunizieren macht uns lebendig. Die Zufriedenheit in der Stille hat nichts mit dem Streben nach kommunikativem Erfolg zu tun, dennoch steigert es den Erfolg. Die Stille mag zunächst bedrohlich erscheinen, denn: es fehlt etwas – das Ego.

Wahrnehmungsfähigkeit steigern

Wir können viel mehr erfahren und wahrnehmen, wenn wir uns tief in uns versenken: Wir erleben ein Gefühl von Raum und Zeit. Dieses Raumgefühl entsteht, wenn das getäuschte Ich verschwindet; es eröffnet einen Zugang zu der eigenen Welt und der Welt anderer. Im diesem erlebten Raum erwacht die Kraft der Gefühle, wir können uns selbst und andere besser begreifen. Es ist nur möglich, das zu verkörpern, was wir sagen und tun, wenn wir mit uns selbst eins sind.

Erfolgs-Tipp:

In der Stille lösen wir Blockaden in den Tiefenschichten unserer Seelen. Ein volles Bewusstseinsvermögen erschließt unsere innere Kraft, so dass wir uns von „innen nach außen" und „von außen nach innen" bewegen können. Lenken wir das „Wachstumsstreben" von „innen nach außen" und dann wieder zurück, können wir aus der Achterbahn gefahrlos aussteigen und mit einem inneren Gleichgewicht bleibenden Gewinn ernten.

2. Die vergessene Kraft der Seele

Konflikte in der Tiefe lösen

Warum sollte es für einen Manager wichtig sein, sich mit dem Thema Seele auseinander zu setzen? Die Antwort: Ein Unternehmen mit „Seele" sucht nicht immer wieder nach neuen Lösungssystemen, sondern bemüht sich, Konflikte in der Tiefe zu lösen. „Warum gibt es überhaupt diese Konflikte?", „Wo liegt der Ursprung?". Man muss sich in die Probleme hineinhören, so dass eine Synergie zwischen dem rationalen Verstand und der inneren Stimme stattfinden kann. So können wir auch Herz und Verstand derjenigen spüren, die tagtäglich im Unternehmen tätig sind. Diese kollektive Wahrnehmung hilft uns, die geeigneten Verhaltensweisen und Handlungen zu bestimmen.

Warum fällt Managern die Einbeziehung der seelischen Phänomene so schwer? Die Antwort: Weil sie in ihrem Denken und in ihrem

Verhalten so konditioniert sind, dass sie mathematische Kriterien und naturwissenschaftliche Beweise, die keine Widersprüchlichkeit aufweisen, auf die unentschlüsselbaren Phänomene des Gehirns übertragen. Zweigeteilt, kämpft das verhärtete, rationale Ich gegen die eigene Empfindsamkeit, vor allem aus Angst vor Schmerz.

Die Psyche – das „Allerrealste"

Der Psychoanalytiker C. G. Jung, der die Ratio zwar als erforderlich und nützlich betrachtete, erkannte jedoch, wie begrenzt die Vorstellung der Wirklichkeit ist, wenn die menschliche Vernunft zur Alleinherrschaft erhoben wird. Denn die Psyche mit ihren Ahnungen, Intuitionen und inneren Bildern ist für ihn das „Allerrealste". Er schreibt: „Beim Kulturmenschen erweist sich der sonst so nützliche Rationalismus des Bewusstseins als schwerstes Hindernis für reibungslose Energieumsetzung, indem die Ratio sich immer zur Vermeidung ihrer unerträglichen Antinomie auf die eine oder andere Seite exklusiv stellt und ihre einmal gewählten Werte krampfhaft festzuhalten sucht ... "[22] Diese Antinomie, der Widerspruch, der sich herausstellt, wenn wir die Gesetze der Vernunft auf ein Verständnis der Sinnenwelt übertragen, liegt allein schon daran, dass das Seelische und das Psychische sich nicht leicht darstellen lassen. Die rechte Gehirnhälfte, die – wie wir wissen – dem weiblichen Prinzip zugeordnet wird, nimmt bildhaft und in metaphorischer Sprache die innere seelische Welt sowie auch metaphysische Vorstellungswelten intuitiv wahr. Symbolische Bilder und Bildersprache werden gebraucht, um die komplexen Inhalte der Seele oder der unbewussten Psyche zu verstehen. Die symbolische Darstellung von psychischen Vorgängen, mit all ihren konstruktiven und destruktiven Aspekten, bleibt oft widersprüchlich. Die Symbole oder die Bildeindrücke der Seele sind in ihrer Beschreibung eines ganzheitlichen Erfahrens oder Wahrnehmens weder gut noch böse; sie können zugleich als positiv als auch als unheimlich oder beängstigend empfunden werden; d. h. sie sind widersprüchlich.

Widersprüche sind Störfaktoren

Für den vorwiegend rational geprägten Manager sind Widersprüche verständlicherweise Störfaktoren, denn die westliche Gesellschaft hat uns konditioniert, den irrationalen, unberechenbaren

Denkprozessen kritisch gegenüberzutreten oder sie gar zu leugnen. Denken und Kommunizieren sollen geradlinig und übereinstimmend sein, sonst werden sie als weibisch und verweichlicht klassifiziert. Alle Aussagen, die sich mit Fragen der menschlichen Seele beschäftigen, sind somit für die meisten Manager verdächtig, da sie zwangsläufig niemals eine objektive, unveränderliche Gewissheit erlauben und nicht durch rein kausallogisches Denken erfassbar sind. Alles Nicht-Erklärbare wird dem Subjektiven zugeordnet, und das Subjektive wird vom rationalen Gehirn meistens als wertlos zur Seite geschoben. Das grundlegende Denken und Erfahren wird auf der Suche nach einer soliden, fassbaren Wirklichkeit durch rein abstrakte und logische Folgerungen eingeschränkt.

Die Seele ist nicht kausallogisch erfassbar

Da Seelenzustände oder Bewegungen niemals statistisch und rational erfasst werden können, entziehen sie sich jeglicher Linkshirnnormierung. So werden unentschlüsselbare Phänomene unseres Gehirns in ihrer Vielschichtigkeit negiert.

Achtung: Ohne Zugang zur Seele kann das Unbewusste nicht freigelegt werden. Das, was sich im eigenen Inneren und im Inneren des anderen abspielt, wird vom Intellekt verzerrt und ist nicht mehr unmittelbar erfahrbar. Das kommunikative Gegenüber wird nicht wirklich wahrgenommen und verstanden, wenn der Zugang zur Seele fehlt.

3. Die Seele: das Tor zur persönlichen Kommunikation

Die Suche nach neuem Wissen

Es ist letztlich die Interaktion und Kommunikation mit Menschen, die den wirtschaftlichen Erfolg bestimmt. Wenn es in einem Gespräch nicht nur um Profit, sondern auch um den Menschen geht, werden neue Dimensionen der Kraft erschlossen. Die Beweggründe, die das persönliche Leben und den beruflichen Alltag leiten, können sich offenbaren. Wenn wir bewusst kommunizieren, gewinnen wir eine größere Nähe zum Gesprächspartner. Bewusste Kommunikation setzt Offenheit und ein Suchen nach neuem Wissen und Erkenntnissen voraus. Leider verhalten wir uns in der Kommunikation oft so, als wäre unsere Meinung oder das, was wir sagen, die ganze Wirklichkeit.

Wenn die Ansichten anderer den eigenen widersprechen, wenn sich eine Vorstellung nicht in die vorgefasste Richtung entwickelt, reagiert der logisch überlastete Manager meist ärgerlich oder übermäßig kritisch, da er seinen „Standpunkt" bedroht sieht. Abgetrennt vom Strom des Lebens, will er mit seiner mechanistischen Einordnungssucht alles bestimmen.

Der Versuch, mit seinem einseitigen, logischen Denken alles zu kontrollieren, versetzt das Innere in einen Kriegszustand, der jede innerliche Abweichung von der festgefassten Meinung als Bedrohung erlebt. Diese innere Opposition gestattet dem Gehirn nicht, der Stimme der Seele zu folgen und sich einem die Ganzheit umspannenden Bewusstsein zu öffnen. So jagt das Teilbereich-Denken weiter nach Teilerscheinungen und Antworten.

Die Gegenwart in die Zukunft drängen

Die Gegenwart wird nicht bewusst und intuitiv erlebt, sondern in die Zukunft gedrängt. Sie wird in der Interaktion kaum erfahren, weil die Gefühle der Seele nicht gehört werden. Die Folge: eine statische Einwegkommunikation, der es an Interaktion im Jetzt fehlt.

Intuitives und instinktives Wissen erfahren

Wichtig: Mit Teil-Erklärungen und Beschreibungen versuchen wir, mit mechanischen Worten die unmittelbare Erfahrung zu ersetzen, doch das Beschriebene stimmt nicht mit dem persönlichen, jedoch verdrängten Erfahrungen überein. Diese mysteriösen, unformulierbaren Erlebnisse werden deshalb vom mechanistischen Denken und Kommunizieren eingeordnet, aber dann abgetrennt. Intuitives und instinktives Wissen wird auf Grund mangelnder Flexibilität weder empfunden noch erfahren. Dabei bleibt die eigene Seele und die des anderen sowie das Begreifen von dem, was sich im eigenen Inneren und im Inneren des anderen abspielt, auf der Strecke.

Wache, persönliche Kommunikation im Hier und Jetzt schult das Denken und Fühlen. Das seelische Bewusstsein erlaubt aktives Zuhören und ein gesundes Abwägen der vielschichtigen Hintergründe. Das Herz denkt und der Verstand fühlt, so dass gegenseitige Achtung und Respekt gefördert werden.

Das Herz denkt und der Verstand fühlt

Das Gesprächsgegenüber fühlt sich verstanden und kann sich entfalten. Unerwartete, kreative Ideen, wesentliche Gesichtspunkte werden meistens dann ausgedrückt, wenn sich das Gesprächsgegenüber zum geistigen Mitwirken angeregt fühlt.

Erfolgs-Tipp:

Sobald wir erkennen, dass die so genannte exakte, rationale Beobachtung nur beschränkte Hinweise auf menschliche Handlungen und auf kommunikative Interaktion geben kann, berufen wir uns nicht länger auf saubere Kausalketten zur Klärung des menschlichen Umgangs. Stattdessen erstreben wir psychische Balance und eine Erweiterung unseres Wahrnehmungshorizonts.

Den Wahrnehmungshorizont erweitern

4. Die Seele im Unternehmen

Die Unternehmensphilosophie beleben

Die Fragen „Wer bin ich?", „Wohin gehe ich?", „Wie komme ich dahin?", „Wie arbeite ich?" sollten nicht nur von Mitarbeitern/innen gestellt werden, sondern jedes Unternehmen muss daraufhin die Leitlinien der Unternehmensphilosophie ausrichten. Ein Unternehmen mit Seele holt die verstaubte Unternehmensphilosophie aus dem muffigen Aktenschrank und überprüft die Unternehmensgrund- und Leitsätze auf Inhalt und auf lebendiges, gegenwärtiges Identifikationspotenzial. Die Firmenmaximen sind oft nichts weiter als Doktrinen aus der Vergangenheit, die in früheren Zeiten festgelegt worden sind und heute nur noch als leere Gesetze empfunden werden, die keiner mehr verstehen und verinnerlichen kann.

Ideal-Firma X-Airlines

Freundlich, dynamisch, erfolgreich

Bei einer innovativen Fluglinie in den USA, die ich im weiteren Verlauf des Buches als X-Airlines bezeichnen werde, bestimmen rationale und emotionale Kriterien die Unternehmensphilosophie. Mitarbeiter/innen stehen an erster Stelle, die Kunden an zweiter. Das Wohlbefinden der Mitarbeiter äußert sich in einer positiven, herzlichen Unternehmensatmosphäre, die freundliche Kundenkommunikation zu einer Selbstverständlichkeit werden lässt. Wie das Unternehmen wirklich denkt, zeigt sich in der Unternehmenskultur. Eine Unternehmenskultur ist nichts Greifbares. Sie bleibt stets dynamisch, indem stets versucht wird, die verschiedenen Situationsvariablen wie Integration, Koordination und Motivation der Mitarbeiter auf einen sinnvollen Nenner zu bringen.

Den rationalen sowie emotionalen Erfordernissen gerecht werden

X-Airlines hat eine innovative Unternehmenskultur, die sich vor allem am emotionalen/humanen Unternehmens-Mehrwert orientiert. Das Unternehmen hat sich bemüht, den rationalen sowie emotionalen Erfordernissen unserer Zeit gerecht zu werden. Schon seit fünf Jahren in Folge wurde X-Airlines mit Preisen für Pünktlichkeit und erstklassiges Gepäck-Handling ausgezeichnet. Ferner konnte sie die wenigsten Kundenbeschwerden aufweisen. Der emotionale Aspekt des Reisens wird auch mitberücksichtigt. X-Airlines bemüht sich, das Fliegen zu einem spannenden Erlebnis mit individualistischem Charakter und persönlicher Atmosphäre werden zu lassen. Die Firmenstrategie wird von X-Airlines als Spirit-Strategie verstanden.

Die Individualität der Mitarbeiter hervorheben

Der entspannte Managementstil basiert auf dem Vertrauen in die Mitarbeiter, die eine hohe Eigenverantwortung tragen. Probleme sollen nach dem gesunden Menschenverstand gelöst werden, auch wenn dieses gelegentlich einen Regelbruch erfordert. Offene Kommunikation wird durch die Aufhebung der „Standesschranken" erleichtert. Gemeinsame Zielsetzung und strategische Planung steigern das Gefühl der Mitarbeiter, persönlich am Unternehmensprozess beteiligt zu sein.

Corporate Identity

Es ist stets erforderlich zu prüfen, ob das innere Profil eines Unternehmens mit dem äußeren Bild übereinstimmt. Dies verlangt immer wieder eine Untersuchung der Führungsstile sowie der Motivations- und Entscheidungsprinzipien. Deshalb hat X-Airlines zwei nützliche Programme eingeführt:

Immer neue Fronten

- Day-in-the-Field: Manager arbeiten vier Tage pro Woche „an der Front".
- Walk-in-your-Shoes: Mitarbeiter tauschen Jobs und lernen, in anderen Bereichen zu arbeiten.

Als Kernpfeiler der Unternehmenskultur stellt der soziale Interaktionsprozess eher eine beinahe mythische, symbolische Handlungsbasis dar, die einer ständigen Änderung unterworfen ist. Es ist wichtig, durch Informationstransparenz den Mitarbeitern/innen deutlich zu machen, dass ihre Gedanken und Ideen den wandelnden Prozess mit beeinflussen. Seminare, die Enthusiasmus erwecken, können kreative Ideen fördern.

Kommunikations-Rituale

Kommunikation als Erfahrungswert

Die Ideensysteme des Unternehmens werden in firmenspezifischen Kommunikations-Ritualen, die einer ständigen Änderung unterworfen sind, vermittelt. Kommunikations-Rituale unterscheiden sich von Routine-Kommunikation durch ihren symbolischen Gehalt. Das „Kommunikations-Ritual" lässt Kommunikation zur Erfahrung werden. Beispiel dafür ist ein Marketing-Unternehmen, welches auf einer festlichen Veranstaltung den Slogan „Jump" zum „Power Word" des Abends machte. Die Mitarbeiter/innen sollten durch dieses Event zu einer Verdoppelung der Verkaufsquoten angeregt werden. „Jump" konnte verbal und körperlich erlebt werden, es sollte zu einem Sprung nach vorne anregen. (Nebenbei bemerkt führte diese Veranstaltung zu einem noch größeren Erfolg als erwartet.) Der rituelle Kommunikationsrahmen verlangt, wie im oben erwähnten Beispiel, einen feststehenden Ort, eine bestimmte Zeit und einen klaren Ablauf. Als Führungsinstrumente können Kommunikationsrituale Kreativität, Innovationsfreude und das Gefühl der Sinnhaftigkeit innerhalb eines sozialen Umfeldes steigern. Es ist erforderlich, solche Kommunikationsrituale den sich wandelnden Wertevorstellungen im Unternehmen anzupassen.

Wichtig: Wird vom Management trotz des Wertewandels eine gemeinsame Überzeugung, die mit der Lebensorientierung der Mitarbeiter/innen im Einklang ist, vertreten, kann eine Vielzahl von Konflikten vermieden werden.

Checkliste: Ideal-Unternehmen

▪ Innovation:	emotionale + rationale Aspekte berücksichtigen
▪ Philosophie:	erst die Mitarbeiter, dann der Kunde
▪ Corporate Identity:	Arbeitserlebnis = Flugerlebnis
▪ Kommunikation:	Power Words

Jenseits von „Money Culture“

6

1. Arbeit: „Ein Weg mit Herz?“ 116
2. Von der Stagnation zum „Flow“ .. 119
3. Sprache und Gesellschaft 125
4. Sein und Kommunikation 129
5. Wohlstand 132

Money Culture

1. Arbeit: „Ein Weg mit Herz?"

Als Antwort auf die Frage vor Beginn eines Seminars: „Lieben Sie Ihre Arbeit?" höre ich oft: „Es gibt Schlimmeres!"

Ein Arbeitstag mit einförmigem Rhythmus

Trotz des zunehmenden Individualismus „schuften" viele Menschen täglich bei ihrer Arbeit, die sie als sinnlos empfinden und die ihnen kein Identitätsgefühl gibt. Wie bei einer Maschine folgt ihr Arbeitstag einem einförmigen Rhythmus, der oft mit Aufgaben des Zählens und Messens als Informations-„Prozessor" verbracht wird. Psychische und physische Erschöpfung führen zur Apathie. Einem Computer ähnlich führen viele Menschen routinemäßig und unbewusst rationale, abstrakte Tätigkeiten aus.

Aus eigenem Antrieb handeln

Das „Burnout-Syndrom" ist die Folge eines verplanten Lebens. Oft ist der Mensch paradoxerweise erschöpft, weil die beruflichen Anforderungen sich quantitativ steigern, aber in keinem Verhältnis zu den qualitativen Fähigkeiten stehen. Überreguliert, hat der Mensch sein spezifisches Fundament verloren. Eine kompensatorische Identität wird durch die Zugehörigkeit zu einem bestimmten Unternehmen vermittelt, aber sie ist nicht richtungsweisend.

Die apathische Teilnahmslosigkeit mancher Mitarbeiter/innen entspringt einem Gefühl der Sinnlosigkeit. Tief im Innersten ahnen sie, dass sie ihre spezifischen Begabungen und Interessen faulen Kompromissen opfern. Viele gehen einen bequemen, sicheren Weg. Sie verlieren das, was sie einmal im Leben erreichen wollten, aus den Augen.

Kräfte freisetzen

Der Versuch der Mitarbeiter/innen, sich „Erfolg" einzureden, scheitert, denn das Gefühl nagt, gegängelt in einer stressigen Begrenztheit etwas Essenzielles im Leben verpasst zu haben. Und dabei hätte das Management die Kräfte seiner Mitarbeiter/innen freisetzen können.

Infotransparenz

Ein Mensch, der das tiefe Ziel seines Strebens nicht kennt, fühlt sich isoliert. Zur offenen, persönlichen Kommunikation in einem Unternehmen gehört Infotransparenz, die ein Gefühl der Teilhaftigkeit vermittelt. Sonst bleibt das Innerste von einer namenlosen Sehnsucht und inneren Unzufriedenheit erfüllt, die sich auf die Arbeitsmoral und den kommunikativen Stil auswirken. Bietet die Arbeit keine lohnende Erfahrung, in der „Authentizität" erlebt wird, werden Mitarbeiter/innen, die ihre Ansprüche an sich selbst nicht verwirklichen können, systematisch demotiviert.

X-Airlines ist es gelungen, durch ein innerbetriebliches Vorschlagswesen, das keine Unterscheidung zwischen „Thinkers" und „Doers" macht, ein Gefühl von „Involvment" zu vermitteln. Ein Pilot, der in einem Memo gebeten wird, seine Gedanken über neue Benzinsparmaßnahmen mitzuteilen, fühlt sich miteinbezogen und verantwortlich.

„Same"-Management

Sich über das kollektive Wertesystem des Unternehmens informieren

Meistens denken Menschen, die in einem „Same"-Management-Unternehmen tätig sind, dass mit mehr Geld oder mit einem neuen Job alles anders wäre. Sie beginnen eine neue Tätigkeit bei einer ähnlichen Unternehmensart, da sie sich nicht die Mühe gemacht haben, sich vor ihrer Bewerbung über das kollektive Wertesystem des Unternehmens zu informieren. Stattdessen lassen sie sich zu einer Tätigkeit verlocken, die an sich „wertvoll" ist und essenzielles Know-how vermittelt, aber dennoch zur seelischen Selbstverstümmelung führt, weil es eine Tätigkeit ist, die sie „von sich selbst" wegdrängt. Positive Kommunikation an diesem Arbeitsplatz kann dann zwar vorübergehend Anregungen für den Verstand und das Herz liefern, aber das tiefere Ziel, die Kenntnis des eigenen Wesens – „Was und wie möchte ich sein?" – bleibt verborgen.

„Was wollen wir wirklich?"

Wir müssen uns die Frage „Was wollen wir wirklich?" tief in unserem Innersten stellen, um uns mit unserem inneren Ziel identifizieren zu können. Sonst trifft das, was Henry David Thoreau schrieb, auf uns zu: „Many men go fishing all of their lives without knowing that it is not fish they are after." (Viele angeln ihr ganzes Leben lang, ohne zu erkennen, dass es nicht um die Fische geht.)[23]

Wichtig: die innere Einstellung

Wir sind für uns selbst verantwortlich. Es kommt vor allem auf unsere innere Einstellung an. Wenn wir uns dauernd nach irgendwelchen fernen, beruflichen Idealen im Niemandsland sehnen, verpassen wir wertvolle Erfahrungen, die wir auch bei einfachen und sogar bei Routinearbeiten machen könnten.

Eintönige Routinearbeit wird bei einer negativen Einstellung manchmal zu einer konzeptuellen Zwanghaftigkeit führen, so dass dieselbe Teilnahmslosigkeit der bisherigen Arbeitsweise auf jedes neue Ziel übertragen wird. Die Entpersonalisierung hat bereits stattgefunden. Das „Ich" kennt weder den Sinn des Lebens noch weiß es, wer es ist. Wenn das „Ich" nach seiner Bestimmung fragt, ist es hilflos, weil es sich selbst und den tieferen Sinn der Arbeit nicht versteht.

Mit Freundlichkeit zum Erfolg

Das Unternehmen kann durch seine positive, freundliche Einstellung zu den Mitarbeiter/innen den ganzen Menschen (Verstand und Gefühl) zu einem gemeinschaftlichen Erfolg motivieren, der auch als persönlicher Erfolg erfahren werden kann.

Dann geht es nicht mehr im Wesentlichen darum, lediglich eine sichere, finanzielle Lebensbasis zu erlangen – was natürlich auch wünschenswert ist –, sondern auch um eine spirituelle Entwicklung. Das unbewusste „Ich" ist nicht mehr Spielball rein materieller Absichten, denn es hat erkannt, worum es bei der Arbeit wirklich geht. Eine Identifikation mit der Arbeit ist möglich, wenn es wie bei X-Airlines um „heart and soul" geht.

Arbeit sollte Liebe sichtbar machen

Khalil Gibran schreibt: „Work ist love made visible." (Arbeit ist sichtbar gewordene Liebe.)[24] Arbeit sollte Liebe verkörpern, denn alle Tätigkeiten, die wir mit Liebe ausführen und die Liebe vermitteln, lassen uns ganz selbst werden. In „Skillful Means" erklärt der buddhistische Meister Tarthang Tulku: „Caring about our work, liking it, even loving it, seems strange when we work as a way to make a living. But when we see work as the way to deepen and enrich all of our experience, each one of us can find this caring within our hearts, and awaken it in those around us, using every aspect of work to learn and grow."

Die Arbeit lieben

Unsere Arbeit schätzen, sie mögen oder gar zu lieben, mag seltsam erscheinen, wenn wir arbeiten, um unseren Lebensunterhalt zu verdienen. Betrachten wir jedoch Arbeit stattdessen als eine Chance, das gesamte Spektrum unserer Erfahrungen zu vertiefen und zu bereichern, wird jeder von uns dieses Gefühl des „Schätzens“ im Herzen entdecken und es auch bei denen, die um uns herum sind, erwecken, so dass uns jeder Aspekt unserer Arbeit als Lern- und Wachstumsmöglichkeit dienen kann.[25)]

Erfolgs-Tipp:

Spüren wir tief im Innersten, dass unsere Arbeit tatsächlich keine inneren Entwicklungsmöglichkeiten erlaubt, obwohl wir uns bemühen, alles liebevoll zu tun, sollten wir den Mut fassen, uns neuen Herausforderungen zu stellen. Eventuell ist ein Berufswechsel angezeigt.

Ist dies ein Weg mit Herz?

Achtung: Entschließen wir uns, unseren Weg zu ändern, ist es wichtig, innerlich davon überzeugt zu sein, dass es einen anderen Weg für uns gibt. Carlos Casteneda sagt in „Die Lehren des Don Juan“: „Alle Wege sind gleich, sie führen nirgendwo hin. Es gibt Wege, die durch den Busch führen oder in den Busch. Wenn es der Weg mit Herz ist, ist der Weg gut; wenn er es nicht ist, ist er nutzlos. Auf einem ist die Reise voller Freude, und solange du ihm folgst, bist du eins mit ihm. Der andere wird dich dein Leben verfluchen lassen. Der eine macht dich stark, der andere schwächt dich. Darum, bevor du dich auf einen Weg begibst, stell dir die Frage: Ist dies ein Weg mit Herz?“[26)]

2. Von der Stagnation zum „Flow“

Wenn ich vor Beginn eines Seminars frage: „Was interessiert Sie außer Ihrem Beruf?“, scheinen manche Seminarteilnehmer vor den Kopf gestoßen zu sein. Antworten wie: „Manchmal lese ich, höre Musik, sehe Krimis“, „Ich spiele einmal pro Woche Tennis“, oder „Ich reise gerne“ sind keine Seltenheit. Oft wird sofort die Antwort mit einem Kommentar wie: „Ich arbeite enorm viel! Danach bin ich müde und habe zu nichts mehr Lust“ abgewehrt.

„Ungelebtes“ Leben

Potenziale entdecken

In unserer Gesellschaft wird die Arbeit vom Feierabend getrennt. Meistens wird weder die Arbeit noch der Feierabend sinnvoll und bewusst „gelebt“. Denn bewusstes, lebendiges Leben wurde so lange schon erstickt, dass man meist kaum mehr weiß, wie schön es sein kann. Stattdessen geht es darum, effizient zu arbeiten, um mehr Lebensqualität, Sicherheit, Erfolg und so genannte „Freizeit“ zu gewinnen. Doch dieses Streben wird teuer bezahlt. Hinter der äußeren Gestalt des Erfolgsmanagers wird oft eine unendliche Melancholie erfühlbar, denn viele leben, ohne sich ihrer eigenen Wirklichkeit und Potenziale jemals bewusst zu werden. Viele arbeiten nur, um zu leben. Dieses konsumorientierte und oberflächliche „Leben“ erweist sich meist als „ungelebtes“ Leben.

Sind die notwendigen nichtberuflichen Tätigkeiten erledigt, wird der restliche Feierabend meistens verkümmertem Privatleben, dem Fernsehen oder dem Internet gewidmet. Familienleben oder Partnerschaft sowie die eigentlichen anderen Interessen werden oft vom beruflichen Alltag und vom „Feierabend“ aufgefressen. Nachdem Stunden vor dem Fernseher oder Computer vergeudet wurden, verspüren die meisten eine betäubende Lähmung des Geistes. Die eigene, lebendige Kraft und die Wahrnehmungsfähigkeit wandeln sich in Gleichgültigkeit.

Wunschträume ersetzen die Wirklichkeit

Das Leben wird zu einer Flucht, und Wunschträume ersetzen die Wirklichkeit, denn das frustrierte „Ich“ kann sich noch nicht einmal die seelischen Grundbedürfnisse erfüllen, die zum Wohlbefinden beitragen würden. Es fehlt die Freude, die Kreativität und vor allem die Liebe. Die Kommunikationsfähigkeit leidet durch die Gleichgültigkeit.

Die Angst vor intensiven Gefühlen

Dem mangelnden Interesse an anderen folgt Abkapselung und Ichbezogenheit. Angst entsteht, persönlich „gefordert" zu werden oder gar intensiv zu fühlen. Auch die Sexualität, die ebenso unter „Leistungsdruck" steht, wird immer seltener zum „Liebesausdruck". Tiefe, eventuell beunruhigende Gefühle, Erfahrungen und Erinnerungen werden meist vom rational „programmierten" Denker „gelöscht".

Indem sie Aufmerksamkeit nur auf Teilaspekte des Lebens richten, merken viele Manager gar nicht, ob sie das „leben", was sie „denken", sie sind fragmentarisch geworden. Das Doppelleben „Arbeit" und „Freizeit" wird zum inneren Schicksal, und im Innersten wissen sie weder „woher" noch „wohin", „wer" oder „was" sie sind.

Konsum als Ersatzbefriedigung

Konsum macht frei

Das Leben wird nicht in der Spontaneität des Empfindens erlebt und das ursprüngliche Gefühl der Identität ist verloren gegangen, so dass der Manager, der sein Leben nicht lebt, sich mit Konsum zu betäuben versucht. Er fühlt sich euphorisch und „frei", wenn er viel kauft, denn was er hat, bestimmt das Selbstwertgefühl. Überfluss wird zu einem Statussymbol, und Prestige-Sportarten gehören zum Status-Code der Erfolgreichen. Manche Manager besitzen aus Repräsentationsgründen eine Segelyacht oder ein Privatflugzeug. Der Urlaub ist für sie eine von der Arbeit und dem Feierabend abgetrennte kurze Erlebensquelle. Danach bietet das gute „Leben" wieder reizvolle Restaurants, neue, noch fernere Urlaubsziele, oder vielleicht steht bald ein größeres Auto an. Aber das alles ist nutzlos, wenn man sich kaum noch Zeit für sein Inneres nimmt.

Persönlichkeitsentwicklung

Viele Menschen haben sich einem oberflächlichen Erfolgssystem ausgeliefert und sind fremdbestimmt. Denn eine Gesellschaft, in der Geld als Maßstab des Erfolges gilt, legt weit mehr Wert auf das finanzielle Endresultat als auf einen Entwicklungsprozess der Persönlichkeit. Der bewusste und wach erlebte Weg zum Wohlstand hat das Streben nach Geld nicht als primäres Ziel, doch diese Denkweise wird auf Grund der gesellschaftlichen Erfolgshaltung schwer nachvollziehbar. Die Vorstellung, dass jemand wagt, „seine innere Berufung zu leben", erscheint solchen „Berufssklaven" fast unverschämt. Wenn sie das Wort „Selbstverwirklichung" hören, denken sie vielleicht: „Dem geht es wahrscheinlich zu gut!", „Er hat den Ernst des Lebens noch nicht erkannt!", oder „Der wird schon früh genug auf die Nase fallen ...".

Wer viel arbeitet, leistet viel

Arbeit wird von erstaunlich vielen Menschen nicht als „Arbeit" akzeptiert, wenn sie Freude macht und Erfüllung bringt, und erst recht nicht, wenn sie einem leicht fällt. Leichtigkeit steht im Widerspruch zu „schuften", und nur derjenige, der schuftet, „verdient" Erfolg. Nicht im herkömmlichen Sinne zu arbeiten, könnte sogar Schuldgefühle erzeugen. Der „Schein der Tüchtigkeit" ist da schon besser.

Je mehr Stunden er „abgesessen" hat, je länger die physische Anwesenheit, desto „tüchtiger" wirkt der „Tätige". Ob er Sinnvolles leistet, ob die Arbeit in der Hälfte der Zeit hätte erledigt werden können, interessiert kaum jemanden. Manchmal besteht sogar unter Mitarbeitern/innen eine unausgesprochene Abmachung: „Bloß nicht zu schnell arbeiten! Bloß nicht zu früh fertig sein!" Es soll schließlich den ganzen Tag lang so aussehen, als wäre immer etwas „Wichtiges" zu erledigen. Denn Stress berechtigt schließlich zu Lob und Aufstieg.

Bloß nicht „kindisch" sein

Obwohl jeder weiß, wie gesund Freude und Lachen ist, wird von Mitarbeitern/innen eher ein ernstes Verhalten bei der Arbeit gewünscht, da Geldverdienen und Arbeit „nun mal ernste Sachen" sind. Zu freudig zu sein und unangebrachtes Lachen erinnern vielleicht zu sehr an Zeiten des Spielens, und jeder möchte dem anderen schließlich beweisen, wie „schwierig" seine Arbeit ist. Er hat tatsächlich das im „Schweiße seines Angesichts" erarbeitete Geld „verdient".

Solche Denkweisen haben sich rational geprägte Menschen unbewusst angeeignet und ersticken ihre Kreativität mit der Vorstellung von einer „richtigen" Arbeitsweise. Die Rückbesinnung auf eine anscheinend kindliche Wahrnehmung, bei der Gefühle, Affekte und Stimmungen beteiligt sind, fasziniert zwar – aber geht es nicht im Berufsleben eher um Planbarkeit und Machbarkeit?

Wichtig: Das Spielerische enthält das Element des Zufalls, das dem Klammern an Sicherheit widerspricht.

Arbeiten als Spiel begreifen

Was würde geschehen, wenn ein eingefleischter Manager nicht nur aus einem Gefühl, „etwas steuern zu müssen“, sondern auch aus einer Art Spieltrieb heraus seine Tätigkeiten ausübte und sein ganzes Leben zu einem Spiel des Gebens und Nehmens werden ließe?

Firmeninterne Maßnahmen können zu einer positiven Einstellungsänderung der Mitarbeiter führen, aus der eine persönliche Kommunikation sich ganz von selbst ableiten lässt.

„Spielpausen“ steigern den Erfolg

Beispiel:

„Gemeinsam Spaß haben“ ist einer der Leitsätze von X-Airlines' Unternehmensphilosophie. „Spielpausen“ sind eingerichtet worden, die regelmäßig innerhalb bestimmter Teams zu ausgewählten Zeiten berücksichtigt werden. Kleinigkeiten fördern die persönliche Atmosphäre:

- Mitarbeiter/innen erhalten vorgefertigte Geburtstagskarten, die sie sich untereinander zukommen lassen können.
- Man feiert intern Geburtstage und Hochzeiten.
- Eine freudige „X-Airlines-Spirit“-Einstellung ist sogar noch wichtiger als Sachkompetenz: Gemeinschaft, Teamwork und kooperativer Geist stehen an erster Stelle. Das Ego ist hier fehl am Platz, denn es wird nach Individualität gefragt: Mitarbeiter müssen sich selbst treu bleiben und ihr Selbst ausdrücken können.
- Die Chancen zur Weiterbildung und zu persönlichem Wachstum, die jedem Mitarbeiter/in auch in „schlechteren Zeiten“ zur Verfügung stehen, steigern Innovation und Kreativität.

- Die Unternehmenseffektivität wird durch persönliche Kommunikation und Anteilnahme ständig verbessert.
- Das Unternehmen nimmt sich Zeit, sich um Mitarbeiter/innen zu kümmern, wenn es ihnen oder einem Familienmitglied schlecht geht.

  Diese fürsorgliche Einstellung vermittelt das Gefühl einer großen Familie, in der jedes Familienmitglied dem anderen hilft.
- Auch den „Freizeit"-Aktivitäten der Mitarbeiter/innen wird große Beachtung gezollt. In der Hauptgeschäftsstelle der Firma finden regelmäßig Ausstellungen statt, die die in der Freizeit hergestellten Produkte und Kunstwerke, wie Skulpturen, Gemälde, Photos etc., zeigen.

Kreativität entfaltet unseren inneren Reichtum. Sie ist sinngebend und vermittelt eine Freude an der Arbeit, die von den üblichen Erfolgsbildern unabhängig ist.

Erfolgs-Tipp:

Die einfachsten, täglichen Vorgehensweisen können intuitives Erfahren steigern, so dass der Mensch sich als physisches, intellektuelles und emotionales Wesen wahrnimmt.

Sich im Unternehmen wiedererkennen und darstellen

Der Weg zum intuitiven Selbst führt zur Selbsterkenntnis, so dass Weg und Ziel übereinstimmen. Wenn die Seele das individuelle Tun mit dem gemeinschaftlichen Tun verbindet, erweitert sich das Bewusstsein. Wenn Unternehmen eine Lebens- und Arbeitsform erlauben, in der sich jeder wieder erkennen und darstellen kann und in dem Kommunikation und Interaktion nicht nur leere Worte sind, wird Leben und Arbeit erst sinnvoll.

X-Airlines hat eine viel versprechende Auffassung. Sie verpflichten sich, ihren Mitarbeitern/innen eine stabile Arbeitsumgebung mit gleichen Chancen zur Weiterbildung und zum persönlichen Wachstum zur Verfügung zu stellen. Kreativität und Innovation werden gefördert, um die Effektivität von X-Airlines zu verbessern. Vor allem werden Mitarbeiter mit derselben Anteilnahme, Respekt und fürsorglichen Einstellung innerhalb der Organisation behandelt, die von ihnen im externen Umgang mit jedem X-Airlines-Kunden erwartet wird.

Interaktives Universum

Wichtig: Ein Unternehmen kann zu einem interaktiven Universum innerer Erfahrungen werden. Das intuitive Verstehen der wirtschaftlichen Prozesse wird möglich.

Die Intelligenz des Werdens

Mihaly Csikzentmihalyi, der Autor von „Flow",[27] erklärt, wie der Sinn des Lebens bei Menschen, die einen „einheitlichen Zweck" entdecken und diesen in kleinen Zielschritten erleben, zu einem Glückszustand führt, der jenseits von materiellen Zielvorstellungen liegt. Für Csikzentmihalyi ist „Flow" das Glück, das wir erfahren, wenn wir mit uns selbst und mit der Umwelt im Einklang sind, wenn uns die inneren Erfahrungen unseres Tuns bewusst werden. Der Begriff „Flow" erinnert an Heraklits „Alles fließt", wodurch er auf das ewige Werden und Vergehen, die Veränderung in der Stabilität hinweist. Es ist die Intelligenz des Werdens und Vergehens, eines sich selbst organisierenden Energiesystems.

3. Sprache und Gesellschaft

Der Manager und Autor Daniel Goeudevert[28] schreibt offen über die Notwendigkeit eines Sinneswandels in der Wirtschaft. Vor allem in seinem Buch „Mit Träumen beginnt die Realität" moniert er die Geschwindigkeit unserer jetzigen Gesellschaft, in der der Mensch nur noch schwer Orientierung findet. Der Markt, der die Sinnhaftigkeit im „Zählbaren" sieht, ist seiner Ansicht nach „blind", da er nichts wahrnimmt, „was außerhalb" seiner begrenzten Logik liegt.

Persönlichkeitsmarkt

So ist derselbe Markt, der so vielen zum Wohlstand verhilft und ursprüngliche Bedürfnisse befriedigt, bemüht, neue Bedürfnisse zu erwecken, die er dann wiederum bedienen kann. So, wie Erich Fromm in seinem Werk „Haben oder Sein“ beschreibt, wird der Mensch selbst zur Ware, wenn er seine Persönlichkeit „verkauft“, um Erfolg zu haben. Die Konsequenz ist die Anpassung an einen „Persönlichkeitsmarkt“. Der Verlust des Kontaktes zum essenziellen Selbst wird auf Grund der schnellen Anpassungen an externe Identitätsvorbilder sowie Konzerne oder Staatssysteme oft gar nicht wahrgenommen. Das, was am Markt bedeutsam ist, ist das Reproduzierbare.

Horrorszenario: Der Mensch als Ware

Der Verkaufswert bestimmt den Erfolgswert

Stilisiert, um leichter wiederholbar zu sein, wird eine Scheinwirklichkeit erzeugt. Der Schein genügt. Der Mensch, so wie die Ware, wird prinzipiell austauschbar. Der Verkaufswert bestimmt den Erfolgswert. „Life Style“ steht im Mittelpunkt. Ware ist das Mittel zur Stärkung der Persönlichkeit. Ware soll die Persönlichkeit erweitern. Ware bestimmt das Zugehörigkeitsgefühl. Ware verbindet den Menschen mit einem vernebelten Ganzen.

Die Kommunikation dient dazu, das eigene Denken und die eigenen Bedürfnisse zu verschleiern. Informationen ohne Zusammenhang überfluten den Menschen, der gleichgültig wird. Abgestumpft, ist nur noch das Auffallende, Sensationelle wirksam.

In einer beschleunigten Welt will man seine Ruhe haben, sich wohlfühlen. Denken ist oft lästig, sich mit den tieferen Fragen des Lebens auseinander zu setzen, ist anstrengend. So wird das tatsächliche innere Ohnmachtsgefühl verdrängt, die Angst vor den Veränderungen, die unsere Zeit prägen, verleugnet.

Erfolgs-Tipp:

Unternehmer mit Weitblick können Positives bewirken. Es kann aber nur etwas verändert werden, wenn Unternehmer aus der wahren inneren Kraft, aus ihrer Echtheit heraus handeln. Je schneller sich die Weltwirtschaft bewegt, desto mehr ist es notwendig, Zusammenhänge transparent zu machen. Durch einen ständigen Informationszugang und -austausch wird das Vertrauen im Unternehmen aufgebaut.

Aus unserer Echtheit heraus handeln

Prüfe dich selbst!

An Stelle des normativen, angepassten Managers verlangt unsere Zeit Unternehmensführer, die den Mut haben, sich selbst einer kritischen Prüfung zu unterziehen. Verschleiernde Rechtfertigungsversuche unter dem Schein der Objektivität, die nichts weiter als subjektiv gelenkte Selbsttäuschungen sind, negieren jede Chance einer positiven Veränderung. Gesteigerte Wahrnehmung ist in der von Erich Fromm beschriebenen Existenzweise des Seins möglich. Er veranschaulicht den Unterschied zwischen einer Existenzweise des Habens und einer Existenzweise des Seins. Erstere, die in unserer Gesellschaft vorherrscht, bezieht sich auf Dinge, die beschreibbar sind. In der Existenzweise des Seins geht es um Erlebnisse, die nach Ansicht Fromms nur schwer beschreibbar sind, weil das gesamte Ich, die „Individualität in allen ihren Ausformungen", niemals erfassbar ist.

Existenzweise des Seins: das Erleben

Was meistens beschrieben wird, ist die Persona, die Maske, die nach außen getragen wird und die nur wenig über den eigentlichen Charakter und die Lebensansichten verrät. In der Verhaltensweise, die der Existenzweise des Seins entspricht, befindet sich eine Vielzahl von visuellen, akustischen, taktilen Eindrücken und Gefühlen in einem Wechselspiel mit der kritischen Vernunft. Das Mienenspiel, der Gang, die Körperhaltung und der Tonfall nehmen alle Teil am kommunikativen Prozess.

Die Existenzweise des Seins ist nach Erich Fromm eine innere Tätigkeit, bei der es darum geht, die inneren Potenziale zu verwirklichen: „Tätigsein heißt, seinen Anlagen, seinen Talenten, dem Reichtum menschlicher Gaben Ausdruck zu verleihen, mit denen jeder – wenn auch in verschiedenem Maß – ausgestattet ist. Es bedeutet, sich selbst zu erneuern, zu wachsen, sich zu verströmen, zu lieben, das Gefängnis des eigenen isolierten Ichs zu transzendieren, sich zu interessieren, zu lauschen, zu geben. Keine dieser Erfahrungen ist jedoch vollständig in Worten wiederzugeben.

Worte sind Gefäße, die sich mit Leben füllen
(Erich Fromm)

Worte sind Gefäße, die wir mit Erlebnissen füllen, doch diese quellen über das Gefäß hinaus. Worte weisen auf Erleben hin, sie sind nicht mit diesem identisch. In dem Augenblick, in dem ich ein Erleben vollständig in Gedanken und Worte umsetze, verflüchtigt es sich; es verdorrt, ist tot, wird zum bloßen Gedanken. Daher ist das Sein nicht mit Worten beschreibbar und nur durch ein gemeinsames Erleben kommunikabel. In der Existenzweise des Habens herrscht das tote Wort, in der des Seins die lebendige Erfahrung, für die es keinen Ausdruck gibt."[29]

Basis der Kreativität

Die von Fromm beschriebene Existenzweise des Seins bildet die Basis der Kreativität; vielschichtige Wahrnehmungen der rechten Gehirnhälfte stehen in Wechselwirkung mit der Vernunft (linke Gehirnhälfte).

Besitz ist selbstverständlich notwendiger Teil des Seins. Wenn elementare Bedürfnisse nicht erfüllt werden, ist es schwer, „zu sein". Besitz ist positiv, wenn unsere Identität nicht von der Materie abhängig ist und wir nicht durch eine Haftung am Besitztum den wirklichen Sinn unseres Lebens vergessen.

Erfolgs-Tipp:

Der eigentliche Sinn des Lebens wird uns erst offenbart, wenn wir uns bemühen, uns selbst zu erkennen. Erfahrungen mit dem Thema „haben" können den Weg zum Sein vorbereiten, wenn wir „haben" nicht mehr aus der Sicht des Besitzenden, sondern aus der Sicht des Erkennenden betrachten.

4. Sein und Kommunikation

Der wahre Reichtum liegt im Wissen

Der wahre Reichtum liegt nicht im Materiellen, sondern vor allem im Wissen. Das wirkliche Wissen ist mehr als eine Ansammlung von Kenntnissen. Es ist ein Prozess, ein Suchen und Untersuchen, das stets bemüht ist, etwas Neues zu erfahren.

Wichtig: Als „empathischer Beobachter" unseres Gegenübers wird es möglich, unseren Gesprächspartner ohne die „Brille" unserer Konditionierung wahrzunehmen. Das Jetzt, die kommunikative Situation der Gegenwart, ist nur erfahrbar, wenn unser Sehen und Hören unabhängig von unseren Vorstellungsbildern der Vergangenheit ist. Eine direkte, unmittelbare Kommunikation, die frei von Vorurteilen und fixierten Bildern ist, lässt uns Inhalte „hinter" oder „zwischen" den Worten erfassen.

Die Kunst des Zuhörens

Auf den Raum zwischen Gegenständen oder Aktivitäten achten

Robert Levine[30)], ein Psychologie-Professor in Kalifornien, macht auf Besonderheiten der Kommunikation in Japan aufmerksam: Der Raum zwischen Gegenständen oder Aktivitäten (ma), den wir im Westen als Nichtstun verstehen würden, wird dort als etwas Positives betrachtet. Im Westen geht es immer um äußere Aktivität; es fällt uns schwer, ein inneres „Tun" zu würdigen. Das japanische Konzept, welches darin besteht, auf das zu achten, was nicht gesagt wird und das wahrzunehmen, was „nicht" geschieht, verlangt größere Aufmerksamkeit. „Nein" (iie) direkt zu erwidern wird als unhöflich empfunden. Vom kommunikativen Gegenüber wird ein Gespür verlangt, das zu hören, was nicht gesagt wird. Hierbei spielt der Zeitfaktor eine Rolle. Wird „Ja" (hai) erst nach längerer Zeit ausgesprochen, können wir es eher als „Ich verstehe"-Aussage deuten, obwohl die Antwort wahrscheinlich „iie" (Nein) lauten würde.

Für die westliche Gesellschaft scheint diese Kommunikationsart mühsam, da wir das gesprochene Wort als die ausschließliche

Kommunikationsform betrachten. Bedeutungen, die durch Pausen, durch Stille vermittelt werden, überhören wir allzu gern.

Erst hören, dann sprechen

Zuhören wird als etwas Passives, eher dem Warten verwandt erlebt, denn wir neigen dazu, den Standpunkt, den wir „haben", sofort äußern zu wollen. Erst zu sprechen, nachdem wir die Meinungen unseres Gegenübers gehört und überdacht haben, fällt uns schwer, da wir meinen, keine Zeit zu „haben". Wir wollen „erhört" werden. Das Erleben und die Wissensbereicherung durch die Wechselbeziehung der Kommunikation scheint uns weniger wichtig zu sein als sofortige Reaktionen. Das Verarbeiten der zusammenwirkenden Informationen in beiden Gehirnhälften führt jedoch erst zu einem ganzheitlichen Bewusstsein.

Vom Nominalstil beherrscht

„Sein" statt „tun"

Unser Sprachgebrauch gibt Aufschluss darüber, wie sehr unsere Gesellschaft das subjektive Erfahren vermeidet. Wir können z. B. in unserer täglichen Sprache auf das „Haben-Prinzip" achten. Erich Fromm erwähnt dazu einen Hinweis von Dr. Noam Chomsky: bereits im 18. Jahrhundert hat Du Marais erkannt, wie Verben immer mehr durch Substantive ersetzt wurden. In der heutigen Zeit hat sich diese Tendenz extrem gesteigert.

Fromm gibt folgendes Beispiel: „Nehmen wir an, eine Frau eröffnet das Gespräch mit einem Psychoanalytiker folgendermaßen: ‚Herr Doktor, ich habe ein Problem.' Einige Jahrzehnte früher hätte die Patientin anstelle von ‚Ich habe ein Problem' sehr wahrscheinlich gesagt: ‚Ich bin besorgt.' Der moderne Sprachstil ist ein Indiz für die heutige Entfremdung. Wenn ich sage: ‚Ich habe ein Problem' anstelle von ‚Ich bin besorgt', dann wird die subjektive Erfahrung ausgeschlossen. Das Ich, das die Erfahrung macht, wird ersetzt durch das Es, das man besitzt. Ich habe meine Gefühle in etwas verwandelt, das ich besitze: das Problem. Ein ‚Problem' ist ein abstrakter Ausdruck für alle Arten von Schwierigkeiten. Ich kann es nicht haben, da es kein Ding ist, das man besitzen kann, allerdings kann ein Problem mich haben; genauer gesagt, habe ich mich dann in ein ‚Problem' verwandelt, und meine Schöpfung hat Besitz von mir ergriffen."[31)] Wird „das Problem" zum Ding, erwarte ich jemanden außer meiner Selbst, der es mir abnimmt oder es löst. Bin ich das Problem, soll ein anderer die Verantwortung für mich übernehmen.

Der Mensch reagiert immer in seiner Ganzheit

Wichtig: Die Veränderung unserer Anschauung ändert unsere Kommunikation. Betrachten wir uns selbst und unser Gegenüber von einem unangemessenen Standpunkt aus, sehen wir ihn also als Objekt, ist Einsicht ausgeschlossen. Eine ganzheitliche Wahrnehmung unseres Gegenübers ist möglich, auch wenn die verbalen Aussagen eher intellektuell geprägt sind. Denn der Mensch reagiert immer in seiner Ganzheit. Zögern, sich interessiert nach vorne beugen, stöhnen, atmen, die Körperhaltung, Mimik usw. geben Aufschluss über die gesamte Persönlichkeit. Wenn wir differenziert wahrnehmen, können wir die Gedanken unseres Gegenübers ahnen und die Handlungstendenz erspüren. Sie können rein intuitiv Gedanken und anbahnende Stimmungswechsel erraten.

Intuitions-blockaden

Wenn Sie sich zu viele Gedanken über eine Situation oder einen Sachverhalt machen, kann es passieren, dass die erste, intuitive Einsicht verdrängt wird und weitere intuitive Ressourcen blockiert sind.

Warnzeichen und die sich daraus entwickelnden Ereignisse können mit einem wachen Geist erfasst werden. Unsere vereinten intellektuellen und intuitiven Fähigkeiten verhelfen uns, hinter die Fassade zu schauen und die zu Grunde liegende Botschaft zu verstehen.

Übung: Kommunikationsproblem erkennen

- Der erste Schritt ist die Beobachtung der derzeitigen beruflichen Situationen, in denen Sie kommunizieren.
  Gibt es einige Personen, mit denen Sie sich nicht gut verstehen?

  ....

Was könnte der Grund dafür sein?

....

- Nehmen Sie sich eine Person Ihres beruflichen Umfeldes vor und versuchen Sie zu ergründen, weshalb es eine Kommunikationsbarriere gibt. Vergegenwärtigen Sie sich die in Ihnen ausgelösten Gefühle.

  Was haben Sie getan, um eine positive Kommunikation zu verhindern?

  ....

  Was, meinen Sie, hat der andere getan?

  ....

  Welche Auswirkung hat dies auf Ihre jetzige Situation?

  ....

5. Wohlstand

Die Stimme der Gemütlichkeit fordert Durchschnitt

Oft werden Wohlstand und Erfolg als Folge eines mühseligen Arbeitsaufwandes betrachtet, wobei häufig das Verhältnis von Einsatz und Ergebnis nicht angemessen zu sein scheint. Die Stimme der Gemütlichkeit fordert dann lieber Durchschnitt statt Hochleistung. „Bloß kein Streber sein! Das Leben genießen, Freunde treffen. Was willst du mehr!" Der Umgang mit gleich gesinnten Freunden, die auch keine höheren Ansprüche haben, bestätigt die eigene Einstellung.

Erst wenn die wirklichen Potenziale im Wust der elterlichen, schulischen und sozialen Einflüsse erkennbar werden, kann der Vogel aus seinem kleinen goldenen Käfig fliegen. Nun hat er sich endlich einmal gefragt, warum er so lebt, wie er lebt, und was eigentlich passieren würde, wenn er sich ganz anders verhielte und zur Abwechslung zu „fliegen" versuchte.

Sich mit dem Gewinn eines Unternehmens identifizieren

Es sollte das Ziel jedes Einzelnen in einem Unternehmen sein, den Geldfluss des Unternehmens zu steigern. Wohlstandsdenken im Unternehmen bezieht sich nicht auf die Maximierung des Gewinns, der vielen Sondereinflüssen unterliegt. Verbesserungen in der Produktivität lassen sich ganz anders verwirklichen, wenn jeder Mitarbeiter/in über die gewünschten Ergebnisse informiert und von der Erreichbarkeit des Zieles überzeugt ist.

Beispiel:

Bei X-Airlines arbeiten alle Mitarbeiter an dem gemeinsamen Ziel, „legendären" Kundendienst zu bieten, und werden ermutigt, alles Positive, was ihnen einfällt, in die Wege zu leiten, um dieses zu ermöglichen. X-Airlines weiß, dass externes Serviceniveau nur aus einem optimalen internen Service heraus zu verwirklichen ist. Eine Belegschaft, die sich auch intern im Unternehmen mit der Expansion und dem Gewinn eines Unternehmens identifiziert, ist viel eher bereit, sich kooperativ zu verhalten. So wird Kostenkontrolle als eine selbstverständliche Aufgabe von jedem X-Airlines-Mitglied verstanden. Sind Manager und Vorgesetzte mit der Produktivität des Unternehmens unzufrieden, sollte das Unternehmen zuerst auf einen ineffizienten Führungsstil hin untersucht werden. „Leadership" durch Persönlichkeit kann durch seine Menschlichkeit und Präsenz, die bei X-Airlines beispielhaft sind, verschwenderische Praktiken problemlos verhindern.

„Leadership" durch Persönlichkeit

Selbstverständlich geht es bei Sparmaßnahmen um den Gesamtnutzen, und es ist entscheidend, dass sie zu einem positiven Image beitragen. Manche Sparmaßnahmen sind imageschädigend und sollten überprüft werden: Ein großes Unternehmen kauft z. B. für die Kunden billiges Gebäck oder zählt ganz penibel die Kuchenstücke ab, wenn dort ein Training abgehalten wird.

Richtig sparen

„Wir müssen sparen" wird allzu oft betont, aber besser wäre die Frage: „Was können wir ändern, um einen besseren Umsatz zu erzielen?"

Beispiel:

- Die X-Airlines-Mitarbeiter veranstalten Gemeinschaftsspiele, wenn ein Flug sich verspätet. Preise werden verteilt. Diese Kleinigkeiten vermitteln eine persönliche Stimmung von Wohlstand in einer sonst lästigen und als „Mangel" erlebten Situation.
- Im „X-Airlines Magazine" wird über Mitarbeiter, die auf Grund ihrer hervorragenden Leistung auffielen, berichtet, so dass bei niemandem das Gefühl aufkommt, trotz exzellenter Leistungen übergangen worden zu sein.

Heute weiß jeder, dass Geld für die meisten Angestellten nicht der Hauptmotivationsfaktor ist. „Incentives", wie z. B. freie Flugkarten, erkennen nicht nur die erbrachten Leistungen an, sie sind auch Ausdruck des Wohlstandsdenkens.

Erfolgs-Tipp:

Prüfen Sie, ob Sie wirklich so weit wie möglich ein Leistungslohnschema angewendet haben und ob denjenigen, die dieser Kategorie nicht angehören, eine Prämie für gesteigerte Produktivität erteilt werden könnte.

Ein Gefühl des Mangels erzeugt Angst

Alles, was ein Gefühl des Mangels erzeugt, ist für jedes Unternehmen produktivitätsmindernd, weil es Angst erweckt. Im Hinblick auf die Finanzlage des Unternehmens verunsicherte Mitarbeiter bangen um ihren Arbeitsplatz, denken an die bedrohlichen Folgen von Arbeitslosigkeit und werden während einer wirtschaftlichen Depression schwermütig.

„Wir schaffen es, trotz aller Hindernisse"

Doch der gesunde Menschenverstand sagt, dass gerade jetzt genau das Gegenteil verlangt wird. Ein Unternehmen in einer instabilen Finanzlage, in einer schwierigen Wirtschaftslage, braucht vor allem positive Menschen, die an Wohlstand glauben, denken und danach streben. Eine Einstellung: „Wir schaffen es, trotz aller Hindernisse", ist tatsächlich Gold wert, weil sie potenzielle Einsatzressourcen aktiviert.

Die fortwährenden Berichte der Medien über Katastrophen und Krisen in der Welt liefern ein Alibi für die eigene Erfolgslosigkeit und scheinbare Chancenlosigkeit. Die Rechtfertigungen sind endlos und werden zu „Never ending negative prophecies". In der Kindheit waren die Eltern schuld, dann ist es das Schulsystem, später der Staat. So richtig es ist, all diese verschiedenen Einflüsse auf die Ursprünge unseres Verhaltens hin zu untersuchen, so sehr liegt hier die Gefahr, jegliche Eigenverantwortung zu meiden und sich in die Falle des „Ich kann nichts tun" zu begeben. Dieser Gedanke gibt allen anderen äußeren Umständen und Personen Macht über uns. Er ist der ideale Nährboden für Neid und negative Kommunikation. Die Angst vor Mangel, sei es finanzieller Mangel, Mangel an Anerkennung, Status oder Liebe, ist auch eine der Grundvoraussetzungen für Intrigen.

Erfolgs-Tipp:
Wenn wir dem anderen das Gefühl vermitteln können, dass er durch unsere Hilfe und Unterstützung das bekommt, was ihm fehlt (soweit es wirklich fehlt und wir ermessen können, dass es gut für ihn ist), dann können wir mit seiner positiven Unterstützung rechnen.

Dem anderen Zuversicht vermittlen

Das Gefühl: „Es ist nicht genug für alle da, es wird mir etwas weggenommen" erzeugt solche Situationen, aus denen dann tatsächlich große Verluste entstehen können. Die negative Ausstrahlung und Energie übermannt das gesamte Betriebsfeld, so dass alle Mitarbeiter/innen und Kunden etwas undefinierbar Herunterziehendes spüren. Der Gefühlsmissstand „reist" in verschiedene Chefetagen und kostet jeden sinnlose Energie. Wohlstand bezieht sich nicht nur auf Geld.

Szene:

Wohlstand der Gefühle

Frau M. ist Abteilungsleiterin und arbeitet mit Herrn H. in einem Raum. Er hatte gehofft, ihre Stellung zu bekommen, und fühlt sich zurückgesetzt, weil sie nun seine Vorgesetzte ist. Frau M. hat Herrn H. sein respektloses Verhalten zu Beginn ihrer Arbeitszeit vor zehn Jahren bei diesem Unternehmen niemals vergeben und spürt heute einen gewissen Genuss darin, ihm Befehle zu erteilen. Manchmal befiehlt sie sogar Dinge, die nicht unbedingt erforderlich sind, einfach, um das schöne Gefühl der Kontrolle zu genießen. Herr H. wird mit der Zeit immer unverschämter und verletzender in seiner Sprache ihr gegenüber.

Frau M. reagiert aggressiv und nimmt sich vor, strengere Maßnahmen geltend zu machen. Die Arbeitskommunikation ist katastrophal, die Spannung und Reizbarkeit beider hat sich gesteigert, bis jeglicher Respekt im gegenseitigen Umgang fehlt. Frau M. droht Herrn H., sie würde die obersten Chefs in München einschalten und eine Ortsversetzung für Herrn H. in die Wege leiten. Die Chefs aus München reisen an mit der Absicht, die Differenzen persönlich zu klären. Doch es wird keine Klarheit geschaffen, da sie das Rollenspiel der gegenseitigen Anschuldigungen nicht durchschauen können. Sie nehmen keine erkennbare Partei und erteilen keinen Rat, außer dem, dass Frau M. das Problem lösen soll.

Angst vor Mangel

Doch Frau M. verharrt in ihrer gewohnten Verhaltensweise Herrn H. gegenüber, bis sie nach einiger Zeit versteht, dass dieses Problem eine Folge von „Angst vor Mangel" ist. Wohlstandsdenken fehlt. Frau M. erkennt nicht, dass Herr H. dringend Anerkennung braucht, und entzieht sie ihm immer mehr. Er sehnt sich nach Status, wird aber immer tiefer in eine untergeordnete Rolle gedrängt. Frau M. beginnt Angst um ihre Position zu bekommen; sie befürchtet, dass sie als Managerin nicht ernst genommen wird. Sie ist Anfang fünfzig und ist sich ihres Wertes auf dem Arbeitsmarkt nicht sicher. Statt sich vollkommen einer erfüllenden Arbeitsaufgabe zu widmen, opfert sie immer mehr Energie und Zeit dem persönlichen Missstand. Sogar nach der Arbeitszeit bleibt das Thema kraftzehrend und krankheitsgefährdend. Alle anderen Mitarbeiter sind offiziell und inoffiziell im Bilde und einige nehmen Partei, andere wechseln stets ihren Standpunkt. Herr H. und Frau M. sind jeweils bemüht, so viele Mitarbeiter wie möglich auf ihre Seite zu ziehen.

Der Tiefpunkt ist erreicht

Klatsch gedeiht, die Chefs in München sind verärgert darüber, dass sie von verschiedenen Seiten mit solchen persönlichen Nichtigkeiten belastet werden, und zeigen eine distanziertere Einstellung Frau M. und Herrn H. gegenüber.

Endlich versteht Frau M., dass es nicht darum geht, Macht über Herrn H. auszuüben. Sie erkennt, dass sie in ihrer Position zwar über eine gewisse Autorität verfügt, dass diese aber nicht mit einer wahren Macht von innen gleichzusetzen ist. Die Angst um ihre Position und ihre versteckte Unsicherheit in Hinblick auf ihre Führungskapazität hatte sie dazu verleitet, einen vollkommen unnotwendigen Kampf zu führen.

Endlich die Umkehr!

Im Bewusstsein ihrer eigentlichen Fähigkeiten gelingt es ihr nach und nach, Herrn H. ein Gefühl von Status und eigener Macht zu vermitteln. Sie lässt ihn in allen kleinen Dingen Recht haben, überlässt ihm immer mehr Verantwortung und stellt ihn anderen Mitarbeitern als „jemand besonders Kompetenten" vor.

Während der ersten Zeit spricht Herr H. weiterhin in beleidigender und abwertender Art zu Frau M. Sie geht nicht mehr darauf ein, bleibt respektvoll und widmet sich ihrer Arbeit. Nach und nach verliert Herr H. Spaß an seinen Angriffen, meint, eine positive Änderung an Frau M. festzustellen und entschließt sich, freundlicher zu sein.

Erfolgs-Tipp:

Jeder weiß, wie endlos reich die Natur ist. Jeder hat Anteil daran, niemandem gehören die Sterne. Das Gefühl: „Ich kann das haben, was ich will" führt zur Erkenntnis, dass dieses materielle „Haben" nur eine oberflächliche Schicht unseres Seins befriedigt, und dass unser eigentlicher Wohlstand das Erleben unseres inneren Potenzials ist.

Wohlstand ist Geben-können

Wohlstand ist Geben-können, doch nicht nur auf finanzielle Art und Weise. Gemeint ist Empowerment, das Weitergeben der inneren Kraft. Wissen und Gefühl weitervermitteln, den Funken des Genialen im anderen durch unsere Kommunikation erkennbar werden lassen, erzeugt ein riesiges Kraftfeld.

Das Materielle hilft, inneren Wohlstand zu erlangen, wenn wir uns nicht ins Äußere flüchten und dabei das Innere samt seiner vitalen

Kraft negieren. Denn die Kraft, die Großes bewirkt, die alles bewegt, kommt stets von innen.

Deshalb kann ein Unternehmen seinen Wohlstand bereits durch die innerbetriebliche Haltung mitbestimmen. Alle Personen, mit denen man in geschäftlichen Beziehungen steht, spüren die Kraft des Wohlstandsdenkens und sind für eine positive Zusammenarbeit offen.

Unser Gegenüber kann unsere innere Stimmung spüren

Wichtig: Unser Gegenüber kann unsere innere Stimmung spüren. Prüfen wir unser inneres Stimmungsbarometer im Vorfeld, können wir unsere momentane kommunikative Ausstrahlungskraft selbst feststellen. Entdecken wir pessimistische Gedankenbilder, die uns zu dominieren drohen, ist es dringend erforderlich, nicht dabei zu verharren und uns stattdessen der unendlichen Kraft des Universums bewusst zu werden. Diese Kraft unseres höheren Selbst (oder göttliche Kraft), die aus den tiefen Quellen unseres Unterbewusstseins erweckt wird, steht uns immer zur Verfügung. Wir müssen nur damit in Kontakt treten – es genügen zehn Minuten stiller innerer Einkehr!

Übung: Gesprächsgegenüber visualisieren

- Stellen Sie sich im Sitzen oder auch im Liegen vor, wie Sie sich von Kopf bis Fuß entspannen. Zunächst fühlen Sie sich schwer.
- Stellen Sie sich nun vor, wie ein violetter Lichtstrahl Ihren Körper durchströmt und Sie von allen negativen Begrenzungen befreit.
- Dann visualisieren Sie Ihr Gesprächsgegenüber und durchstrahlen es mit diesem intensiven Licht.

Diese Übung wirkt Wunder, denn sie kann nicht nur Ihre Stimmung verwandeln, sondern auch die Ihres Gegenübers, so dass die Basis einer positiven, persönlichen Kommunikation gegeben ist.

Tipp: Diese kleine Übung sollte zu einer täglichen Gewohnheit werden.

Jenseits der kommunikativen Tradition

7

1. Die Unternehmensvision 140
2. Visionäres Management: Der Mensch im Mittelpunkt 143
3. Der Kunde im Mittelpunkt 146
4. Führungsstile im Wandel 148
5. „Sich selbst übertreffen" 151

Jenseits der Tradition

1. Die Unternehmensvision

A vision without a task is but a dream,
a task without a vision is drudgery,
a vision and a task
is the hope of the world.

(Spruch an einer Kirche in Sussex, England 1730)

Vision: Ganzheitlich Sehen

Das Wort Vision stammt vom lateinischen Wort „visus", dem Substantiv des Verbes „videre", welches „sehen" bedeutet. Dieses „Sehen" bezieht sich nicht nur auf das physische Sehen, sondern es geht auch um eine psychische Sicht, denn das physische Auge hat im Geistig-Seelischen eine Entsprechung. Das „Sehen" bezieht sich immer auf den ganzen Menschen, denn das Auge nimmt die Außenwelt wahr und spiegelt zugleich die Innenwelt. In der Innenwelt imaginieren und gestalten wir die von uns vorgestellten Bilder. Unsere Einstellungen, Gefühle und Erfahrungen entscheiden über die Art dieser „Bilder".

Im Buddhismus wird der Geist mit einem Teich verglichen. Die Teichoberfläche sollte so ruhig sein, dass sie sich nicht mehr bewegt. Dann wird sie zu einem Spiegel, der die Erfahrungen des bewussten und des unbewussten Geistes, die intuitiven Kräfte, die im inneren Kern des Seins vorhanden sind, offenbart.

Bestimmte Wahrnehmungen gelangen nicht in unser Bewusstsein. Unser Verstand verdrängt sie aus unserem Sichtfeld, wenn sie unseren vorgefassten Verstandeskriterien nicht entsprechen. Sie werden aussortiert, so dass wir nur fragmentarisch „sehen".

Alle Aspekte des eigenen Ichs spiegeln

Verstandes-Zensoren führen zu Blockaden, die den inneren Wahrnehmungsvorgang trüben. Unsere höchsten Fähigkeiten sind vom Verstand „festgeknotet", und wenn wir uns „teilen" lassen, kann eine Vision nicht mehr die Einheit aller Aspekte des eigenen Ichs spiegeln. Es ist diese Ebene der äußeren und inneren Erfahrungsbilder, die „höhere" Einsichten aufblitzen lässt. Wie wir uns erinnern, hat Einstein gesagt: „Phantasie ist wichtiger als Wissen", denn es sind die Kreativität, die Intuition und die Innovation, die uns zu Höchstleistungen anstacheln.

Neue Dimensionen des Sehens eröffnen

Warum wird ein Begriff wie „Vision", der eher mit der Mystik in Verbindung gebracht wird, ausgerechnet in unserer Zeit, in der Gesellschaft und im Unternehmen angewandt? Der Grund: Auch im Management eröffnen sich neue Dimensionen des Sehens. Denn die traditionelle, lineare, unternehmerische Denkweise der strategischen Planung eignet sich nicht, um komplexe, vernetzte, „offene", gesellschaftliche oder unternehmerische Systeme zu erfassen. Es reicht nicht aus, ein Unternehmen als Ansammlung von Bausteinen zu betrachten.

Sich einem ständigen Wandel anpassen

Viele Großunternehmen halten leider an eher rückwärts gewandten Konzepten fest, die sie trotz der verschärften Konkurrenz auf dem globalen Markt verteidigen. Die Schnelligkeit der Veränderungen verlangt nach zunehmender Flexibilität. Unternehmer müssen sich einem ständigen Wandel anpassen, wenn sie erfolgreich bleiben wollen.

Diese unorthodoxe Sicht führt zu Empowerment

Wandlungen im Unternehmen werden von den Mitarbeitern/innen unterstützt, wenn sie spüren, dass sie aktiv an diesen Veränderungsprozessen mitarbeiten können. Mitarbeiter/innen, die ermutigt werden, ihre Anregungen offen auszudrücken, fühlen sich auch anerkannt. Ihre Kreativität und Innovation wird gefördert. Diese Anteilnahme erweckt das Vertrauen, und sie sind eher bereit, Verantwortungen zu übernehmen. Es entwickelt sich ein Gefühl einer Zugehörigkeit, die für positive Kommunikation im Unternehmen ein entscheidender Faktor ist.

Beispiel:

X-Airlines berücksichtigt bei allen Entscheidungen auch den so genannten spirituellen Aspekt:
Ein entscheidender Faktor werden immer die Auswirkungen auf die Mitarbeiter/innen sein. X-Airlines bezeichnet sich weniger als ein „Business", sondern eher als eine Familie, denn es geht nicht nur um rein materielle Ziele, sondern um die Unternehmensvision, die den Menschen in den Mittelpunkt stellt. Diese unorthodoxe Sicht führt zu Empowerment und ist letztlich der Grund für den wirtschaftlichen Erfolg von X-Airlines.

Eine solche Vision erlaubt ein größeres Maß an Flexibilität und Risikobereitschaft als eine herkömmliche Unternehmensstrategie. Sie ist mitbestimmend für erfolgreiche Ziel- und Sinngebung.

Das neue Management

Die Vision als verbindende, motivierende Kraft

Ein offener, entspannter Managementstil unterscheidet sich von einem „Laissez-faire"-Management, weil ihm bestimmte Wertvorstellungen zu Grunde liegen. Diese führen zur Selbstachtung und zu Respekt vor den anderen, welche sich in einer persönlichen und lebendigen Kommunikation bemerkbar machen. Eine Vision wird lebendig, wenn sie auf jeder Unternehmensebene erlebt wird und für die Mitarbeiter/innen eine verbindende, motivierende Kraft wird. Wird eine Vision nicht verinnerlicht, sind die Manager oft nichts weiter als „Papiertiger". Der innere Ansporn fehlt, mit ihrem fachlichen Können und menschlichen Tun über die eigenen Grenzen hinauszuschreiten, um das Optimum nicht nur für sich selbst, sondern auch für das Unternehmen zu erlangen. Wenn wir uns an die einleitenden Worte über das „Sehen" erinnern, ist eine Vision immer ein subjektiver, innerer Einblick. Diese subjektive Einmaligkeit ist es, die der Vision Kraft verleiht.

Ein Wir-Gefühl entsteht

Wichtig: Visionen, die von den Mitarbeitern/innen persönlich nachempfunden werden können, entwickeln sich zu einem echten, gemeinschaftlichen Gefühl, aus dem ein Wir-Gefühl entsteht. Aus dieser tiefen, inneren Übereinstimmung heraus wird die Unternehmensvision erst „lebendig" und zum Motor des Unternehmens. Alle Mitarbeiter/innen fühlen sich bei der Visionsimplementierung mit einbezogen.

Verhaltenskompetenz, die sich von innen nach außen entwickelt, ermöglicht eine positive Kommunikation und spiegelt die Unternehmensvision. Die Vision und der Weg zu ihrer Verwirklichung stimmen überein, so dass trotz aller fraktionellen Ziele jeder die verbindende Vision im Auge behält. Die Vision hat einen Realitätsbezug und bleibt nicht nur ein Traum.

2. Visionäres Management: Der Mensch im Mittelpunkt

Nachdem Unternehmen erkannt hatten, dass Organisationen, Gesellschaft und der Markt sich in einem ständigen, immer schneller vollziehenden Wandel befinden, suchten sie nach neuen Wegen der Organisationsentwicklung. Von ISO 9000 über Lean Management, Management by Objectives, Reengineering, Kaizen oder Prozessmanagement usw. erhofften sie sich das größte Erfolgsgeheimnis, um Dinge in Bewegung zu bringen, doch keines dieser Organisationsmodelle bietet ein revolutionäres Paradigma, denn die Frage: „Wie erwecke ich menschliches Bewusstsein?" wird weder gestellt noch beantwortet.

Human-Resource-Management

„Service" wurde zum Schlüsselwort

Vor allem durch den Anspruch, immer Neues zu kreieren, expandierten Dienstleistungsbetriebe: „Service" wurde zum Schlüsselwort. Der Status des Human-Vermögens wurde neu entdeckt. Human-Resource-Management war das Zauberwort. Im Human-Resources-Sektor entscheidet das Maß an Produktivität über den Managementerfolg. Die meisten Unternehmen beteuerten: „Der Mensch steht bei uns im Mittelpunkt". Sie hatten erkannt, dass Mitarbeiter/innen ihr größtes Kapital sind. Die Führungsaufgaben änderten sich, denn die erzielten Erfolgsergebnisse hingen nun zum großen Teil von dem menschlichen Faktor ab.

Der Mensch steht bei uns im Mittelpunkt

Achtung: Heutzutage geht es hauptsächlich darum, die wertvollsten Fähigkeiten der Mitarbeiter/innen zum Ausdruck zu bringen.

Die Fähigkeit des Managers zur Leistungssteuerung, Motivation und zum Teamwork-Coaching steht nun im Mittelpunkt. Kommunikations- und Motivationsfähigkeit werden nun wie nie zuvor betont und gehören zu den wichtigsten Erfolgsfaktoren von Führungskräften. Rhetorische Gewandtheit, psychologisches Einfühlungsvermögen, die Fähigkeit, Mitarbeiter zur guten Teamarbeit zu motivieren, sind die neuen Leitfäden geworden.

Wichtig: Der Satz: „Der Mensch steht bei uns im Mittelpunkt" ist für das Management eine Herausforderung, sich zu fragen:

- „Was für ein Mensch soll das sein?"
- Bleibt dieser Mensch auf seinen Nutzen reduziert?
- Wie wird der Mensch und das Menschsein überhaupt verstanden?
- Ist der Mensch der Konsument, oder ist er ein Arbeitsfaktor, der seine besten Ressourcen (Kreativität, Zeit, Energie) zur Erfüllung einer Funktion mobilisieren soll?
- Muss er seine wertvollsten Talente und inneren Fähigkeiten entwickeln und zur Verfügung stellen?

Raum für die Seele

Vielleicht kann – nachdem erkannt wird, dass es in den meisten bisherigen Unternehmen nicht genügend Platz für Menschenwürde, Freiheit, Kreativität, Eigenverantwortung und Sinnhaftigkeit gibt – das Unternehmen der Zukunft zu einer Einheit von Lebensformen und Wertvorstellungen werden, die auch der Seele einen Freiraum zum eigenen Ausdruck und zur eigenen Darstellung gestattet.

Die Vision sollte den Geist für neue Wege öffnen. Eine Vision, die zu einer Rückgewinnung der eigenen Kreativität führt, überzeugt mehr als eine Vision, die sich ausschließlich auf den materiellen Gewinn ausrichtet, denn vor allem das positive Verhalten der Organisation (Corporate Behavior) spornt zu einer bejahenden Einstellung zur Arbeit an. Die Einstellung bestimmt die Leistungsfähigkeit, das Verhalten und die Kommunikationsfähigkeit, und die Kommunikationsfähigkeit bestimmt den Erfolg.

Enthierarchisierung und Teamorientierung

Eine erfolgreiche Vision vermittelt neue Ideen für ein erfolgreiches Global-Business, die für Mitarbeiter/innen, ganz gleich aus welchem Kulturkreis, umsetzbar sind. Dabei wird eine persönlichkeitsbedingte Kommunikation zunehmend relevant. Kommunikation, die sich nicht durch spezifische, nationale Besonderheiten einengen lässt, ist für das Management und das Personal die Grundvoraussetzung für Erfolg. Ferner sind Enthierarchisierung und

Teamorientierung heute für jedes Unternehmen, das Marktsieger sein möchte, unerlässlich.

Ethische Dimensionen mit einbeziehen

Ein Unternehmen mit „Seele" sucht nicht immer wieder nach neuen Prozeduren und Regelsystemen, die Verhalten standardisieren wollen, sondern bemüht sich, Konflikte, die entstehen, wenn Ziel und Weg sich nicht entsprechen, in der Tiefe zu lösen. Es wird menschliche Konflikte nicht in Gleichungen übersetzen, sondern die psychischen, emotionalen und ethischen Dimensionen in der Beurteilung von menschlichen Angelegenheiten mit einbeziehen.

Meistens wird erkannt, dass die ernsten Probleme nicht technische, sondern menschliche sind. Es geht selten um unzureichende Informationen, eher um mangelhafte Kommunikation auf Grund negativer Gemütszustände.

Synergien entwickeln

Wird der Mensch tatsächlich so behandelt, als sei er das wichtigste Kapital des Unternehmens? Es gibt viele Fragen, die von Führungskräften erfühlt und beantwortet werden könnten:

- „Wie kann die Bedeutsamkeit eines gemeinsamen Handelns vermittelt werden?"
- „Was für ein Zusammenhang besteht zwischen dem unternehmerischen Handeln und den Unternehmenszielen?"
- „Gibt es Wertzusammenhänge, die sich im Bewusstsein der individuellen Handlungen widerspiegeln?"
- „Gäbe es überhaupt diese Konflikte, wenn Arbeitsabläufe nicht nur extensiver, sondern auch intensiver wären?"
- „Wo liegt der Ursprung zwischenmenschlicher Probleme?"

Verantwortung übergeben

Dienstleistungsbewusstsein und direkte Kommunikation mit dem Abnehmer verlangen Fingerspitzengefühl und Spontaneität, aber auch mehr Verantwortungsbewusstsein. Vertrauen kann sich nur entwickeln, wenn den Mitarbeiter/innen im Unternehmen eigene

Verantwortungsbereiche überlassen werden und sie in diesen Bereichen Entscheidungen selbstständig fällen können. Das Miteinbeziehen der Mitarbeiter/innen in den Meinungsbildungsprozess verlangt neue kommunikative Fähigkeiten.

Transparente Prozessabläufe

Im Kommunikationszeitalter könnte man leicht die Hoffnung haben, dass vernetzte Arbeitsbereiche den kommunikativen Prozess weitgehend erleichtert und verbessert hätten. Doch leider ist dies ein Irrtum, denn es geht darum, „was" und „wie" kommuniziert wird. Arbeitsteilung, die zu einer eindimensionalen, vertikalen (cartesianischen) Kommunikation geführt hat, ist unflexibel. Heute ist es zunehmend notwendig, die verschiedenen Prozessabläufe durch offene Kommunikation durchsichtig zu machen.

Erfolgs-Tipp:

Wir sollten uns immer folgende Frage in Bezug auf unser eigenes Verhalten und das Verhalten des anderen stellen: „What's the payoff?" (Was habe ich davon? Worin liegt der Vorteil oder der Gewinn?) Bitte beantworten Sie diese Fragen nach emotionalen sowie rationalen Kriterien.

3. Der Kunde im Mittelpunkt

Die Zufriedenheit der Kunden ist der Schlüssel zum Erfolg

Visionäres Management schaut nach innen und erkennt, dass der Erfolg des Unternehmens nicht nur auf äußeren Bedingungen beruht. Die meisten Unternehmer sehen, dass der Kunde Teil dieser Vision sein muss. Er ist es schließlich, der das Unternehmen finanziell flukturieren lässt; es ist unter anderem das Geld des Kunden, welches die Gehälter des Personals bezahlt. Dieses Bewusstsein kann zu der Vision führen, dass jeder Einzelne im Unternehmen bewusst für die Kunden arbeitet. Die Zufriedenheit der Kunden ist der Schlüssel zum Erfolg. Kundenorientierung umfasst das gesamte Unternehmenskonzept, von der Bedarfsanalyse, dem zeitlichen und qualitativen Produktionsablauf bis zum alltäglichen Verhalten der Mitarbeiter/innen untereinander. Das Entdecken und Ausschöpfen der eigenen Kreativität wie auch die der Mitarbeiter/innen, führt zu bewusstem erfolgs- und gewinnorientiertem Denken und Handeln. Visionäres Management ist bestrebt, die Verhaltensmechanismen, die die Kundenorientierung mitbestimmen, aufzuzeigen und anwendbar zu machen.

Gespielte Kundenorientierung ist automatisierte Kommunikation

Positive Kundenorientierung kann nur aus einer positiven innerbetrieblichen Kommunikation heraus erfolgen. Persönliche Kommunikation – im Vergleich zur formellen Höflichkeit – kann nicht nur oberflächlich erlernt werden. Gespielte Kundenorientierung ist lediglich automatisierte Kommunikation, die niemals die Kraft des Herzens hat.

Fehlentwicklungen vermeiden

Dies würde verlangen, dass sich jeder Einzelne die Zeit nimmt, seine Aufmerksamkeit nach innen zu richten, um sich der verschiedenen Verhaltens- und Kommunikationsmechanismen bewusst zu werden, die einen Einfluss auf die Effizienz und Stimmungslage seiner Abteilung sowie auf das gesamte Unternehmen haben. Werden Kommunikations-Probleme bereits in der Anfangsphase erkannt, können Fehlentwicklungen in der Kundenorientierung vermieden werden.

Checkliste: Externe Kommunikation

Jedes Unternehmen sollte sich im Hinblick auf die externe Kommunikation folgende Fragen stellen:

- Was wollen und was könnten wir erreichen?
- Wie nützlich ist das, was wir kommunizieren, für das Unternehmen, für den Kunden und Geschäftspartner, für die Kollegen und für uns?
- Investieren wir Gedanken, Worte und Energie an der falschen Stelle? Was sollte „wem, wie, wann, wo" kommuniziert werden, um das optimale Ergebnis zu erreichen?

noch: Checkliste: Externe Kommunikation

Richtlinien sind: „right goal, right mood, right time, right place, right people" (Das richtige Ziel, die richtige Stimmung, die richtige Zeit, der richtige Ort, die richtigen Menschen.)

- Ist der Kerngedanke in einem klaren Satz vermittelt worden?
- Was ist unser „Payoff", was „geben" wir den anderen? Vermitteln wir ein Erfolgsimage?
- Welches Ergebnis erwarten wir, was könnte außerdem noch erreicht werden? Bewirkt diese Kommunikation irgendeine positive Veränderung? Wird dadurch etwas besser? (Für uns oder für den anderen.)

4. Führungsstile im Wandel

Kreative Kooperation verlangt

Entscheidend ist der Einklang zwischen der Vision und dem Führungsstil. Der Führungsstil in versteinerten, traditionellen, zentralistisch-hierarchischen Unternehmen, führt zu einer sozialen Distanz zwischen Mitarbeitern und Managern, die die Flexibilität enorm hindert. Die Denk- und Handlungsmuster, die zu strengen Vorgaben und Kontrollen führten, entsprechen nicht mehr den heutigen Erfordernissen. Um das Produktions-Niveau zu steigern, wird auf jeder Ebene das Erlernen kreativer Kooperation verlangt.

Die Unternehmungsleitung muss zwangsläufig ihren Führungsstil neu überdenken, denn es reicht in der heutigen Welt nicht aus, Fachexperte mit Know-how zu sein. Ein konsultativer Managementstil setzt sich zunehmend durch. Mitentscheidend für unternehmerischen Erfolg sind heute vor allem sozial-ethische Qualifikationen, interaktive Kompetenz, kommunikative Fähigkeiten, Flexibilität und Kreativität.

Einen gemeinsamen Sinn definieren und vermitteln

Für Führungskräfte ist es vor allem wichtig, einen gemeinsamen Sinn, der über wirtschaftliche Absichten des Unternehmens hinausgeht, zu definieren und den Mitarbeitern/innen zu vermitteln. Ein Orientierungsrahmen gemeinsamer Werte, in dem Humanität zum Grundprinzip erhoben wird, führt zur Arbeitszufriedenheit und steigert die Leistungsfähigkeit.

Arbeitsunzufriedenheit ist oft eine Folge von mangelnder Einbindung der Mitarbeiter/innen in die Unternehmenskultur. Einseitig rational geprägte Führungskräfte, die fixe Positionen und statische Unternehmensstrukturen verteidigen, können einen spiegelbildlichen Einfluss auf das Unternehmen und die Unternehmenskultur haben. Ihr Verhaltensstil beeinflusst das Ausmaß ihrer Vorbildfunktion.

Der Krieger-Mythos

Kriegerisches Management

Der missverstandene Gedanke Heraklits, „Der Krieg ist der Vater aller Dinge", ist heute noch in der Wirtschaft wirksam. Kontrolle der Mitarbeiter/innen und strategische Planung stehen oft in keinem Verhältnis zum marktwirtschaftlichen Sinn.

Diese durchdringende, anhaltende Wirkung des Krieger-Mythos bis in die heutige Zeit ist einerseits darauf zurückzuführen, dass Wirtschaft und Management ursprünglich von militärischen Maßstäben geprägt waren. Unternehmensstrategien waren der Planung von Feldzügen vergleichbar. Es ging darum, die richtigen Mittel zum besten Zeitpunkt einzusetzen. Diese Grundeinstellung führte im Management zu einem Führungsstil der formalen Kontrolle und Befehlserteilung. Es herrschte Uniformität, Fehlverhalten wurde stark bestraft. Es galt für Mitarbeiter/innen, die Instruktionen und Vorstellungen des Managers aufs Genauste zu erfüllen.

Eigeninitiative unerwünscht

Hinter ihren riesigen Schreibtischen verbrachten solche „kriegerischen" Unternehmer ihre Zeit damit, „wertvolle" Strategien zu entwickeln. Jegliche Eigeninitiative und Infragestellung dieser Strategien war unerwünscht. Die daraus entstehende rationale Starrheit und Kälte erstickte die Kommunikation und Motivation der Mitarbeiter/innen.

Die individuelle Initiative einer „militärischen" Uniformität opfern

Obwohl die militärischen Modelle heute abgebaut sind und viele Führungskräfte heute eher korrekten und ordnungsliebenden Verwaltern gleichen, wird auch heute noch die individuelle Initiative der Mitarbeiter/innen einer „militärischen" Uniformität geopfert. Dies führt zu einer gehemmten und automatisierten, gefühlslosen Kommunikation, in der „Gut" und „Böse" und „Richtig" und „Falsch" gilt.

Es gibt noch immer Führungskräfte, die strategische Schlachten planen und den „feindlichen" Konkurrenten durch einen intensiven Wettbewerb besiegen wollen. Bei Machtverlagerungen in Unternehmen vermitteln manche Führungskräfte den Anschein, es ginge um einen Wirtschaftskrieg. Der Spiegel-Bericht über „Die Schlacht um Mannesmann" weist auf die Aktualität des Kriegerbildes heute: „Verzweifelt kämpft Mannesmann-Chef Klaus Esser um die Unabhängigkeit seines Konzernes, doch sein Widersacher von Vodafone scheint auf dem Vormarsch. Die größte Übernahmeschlacht der Industriegeschichte ist im Gange ...", und weiter: „Mit Emotionen wird seither um das Für und Wider des größten feindlichen Übernahmeversuchs in Deutschland debattiert."[32)]

Vorbildliches Leadership

Da heute eine große Anzahl der großen Unternehmensentscheidungen nicht von den Führungskräften, sondern eher durch äußere Zwänge gefällt werden, werden Manager zunehmend zu symbolischen Leitbildern in den Unternehmen. Vorbildliches Leadership basiert auf dem Ausbau, Förderung und Entwicklung der Persönlichkeit und nicht auf einer oberflächlichen Aneignung von Verhaltensweisen, die bis zur Gesichtslosigkeit führen.

Bewusstsein ist die Sprache der Schöpfung

Erfolgs-Tipp:

Managen hat ursächlich mit Produktivität, Schöpfung, Bewegung und Bewusstsein zu tun. Bewusstsein ist die Sprache der Schöpfung. Bewusstsein ist allgegenwärtig (in den Gesetzen, dem Erkannten und Nichterkannten). Aus diesem Grunde ist es für den Manager notwendig, die mikroskopische Welt seines Ich-Feldes im Gegenüber zum makroskopischen Urfeld des ständig schöpfenden ubiquitären Bewusstseins zu sehen, um über sein „Selbstbewusstsein" die Quelle ewig sprudelnden Schöpfens zu finden. Das Konzept der Produktivität beinhaltet stets den Gedanken des Fortschritts.

5. „Sich selbst übertreffen"

Das schöpferische Potenzial erfahren und nutzen

Ziel der Führungskräfte ist es unter anderem, als Vorbilder die Mitarbeiter/innen anzuregen, ihr schöpferisches Potenzial durch Denken, Fühlen und Handeln zu erfahren und zu nutzen. Dieses sollte jedoch nicht nur einem unternehmerischen Eigenzweck dienen. Folgende Worte Erich Fromms verdeutlichen, warum die Selbstverwirklichung der Mitarbeiter/innen im Betrieb von solch zentraler Bedeutung ist: „Ich habe bezüglich der Leitwerte dieser Kultur eine ganz klare Vorstellung: In ihr ist der wichtigste Zweck des Lebens die volle Entfaltung des Menschen und nicht die Dinge, die Produktion, die Reichen; in ihr wird der Prozess des Lebens selbst tatsächlich als ein Kunstwerk angesehen. Das Leben ist das Meisterstück eines jeden Menschen, bei dem es um ein Optimum an Stärke und Wachstum geht. Das eigene Leben wird als das Wichtigste angesehen."[33)]

Führungskräfte können nur bedingt diesen Beitrag leisten, denn größere Konzentrationsfähigkeit und Kreativität entwickelt sich nur bei Aufgaben, die als sinnvoll erkannt werden.

Äußere Kontrolle wird nur bedingt und kurzfristig zur einer Leistungssteigerung führen, wobei positive Kommunikationspraktiken, die zur Identifikation mit dem Unternehmensziel führen, die Selbstbestimmung und das Verantwortungsbewusstsein steigern und demzufolge auch zu einem größeren geistigen und seelischen Einsatz motivieren können.

Emotionale Eigenkontrolle

Ehrliches Interesse an den Meinungen der Mitarbeiter/innen hat zur Folge, dass der Manager zu einem „Sinnvermittler" werden kann. Herrscht ein gutes Betriebsklima, erübrigt sich Machtausübung.

„Emotionale Eigenkontrolle" ersetzt das Kontrollieren durch Sachzwänge. Ein solcher „emotionaler" Einfluss ist möglich, wenn es dem Manager gelingt, den Mitarbeitern/innen die Anforderungen in positiver, persönlicher Kommunikation zugänglich zu machen, so dass jeder Einzelne sich im Unternehmen „erkennen" und „entwickeln" kann. Mitarbeiter/innen, die der Führungskraft vertrauen, zeigen mehr Kompetenz.

Innere Anteilnahme steigert die Motivation

Führungskräfte, die von ihren eigenen Zielen überzeugt und begeistert sind, wirken durch ihren Enthusiasmus auf ihre Mitarbeiter/innen mitreißend. Fördert der Manager gleichzeitig auch noch die Eigeninitiative seiner Kollegen, erhöht er damit die Eigenverantwortlichkeit und die innere Anteilnahme. Die innere Anteilnahme steigert die Motivation, und die innere Motivation führt zu mehr Leistung. Doch „völliges Aufgehen im Tun" und Höchstleistung können nicht erzwungen werden. Dieses kann ein Individuum nur von sich selbst aus erlangen.

In der Wirtschaft will man im Wettbewerb mit dem Konkurrenten möglichst weit an die Spitze kommen. Doch wir sollten erkennen, dass das Streben, „andere zu übertreffen", den Menschen nicht unbedingt auf dem Weg zu sich selbst hin weiterbringt.

Die Motivation kommt von innen

Eine „You can do it"- Führungsmentalität kann Mitarbeitern/innen höchstens den „Kick" geben, „sich selbst zu übertreffen". „Sich selbst zu übertreffen" bedeutet, sich selbst ein inneres Ziel zu setzen. Dabei geht es nicht darum, sich an anderen zu messen, sondern der eigene Fortschritt wird selbst bestimmt. Genauso wie Lebensqualität oder Glück schwer beschreibbar sind, ist auch das Ziel, „sich selbst zu übertreffen", nur schwer zu erkennen. Doch ein Mensch ist nur langfristig motiviert, wenn die Motivation von innen kommt.

Achtung: Jeder Manager sollte sich fragen: Wodurch wird diese Leistung aus emotionaler und rationaler Sicht sinnvoller?

Am gemeinsamen Ziel teilhaben

Ist diese Frage beantwortet, kann er Mitarbeiter/innen ein Gefühl der Zugehörigkeit und Eigenverantwortlichkeit vermitteln. Persönliche Kommunikation kann ein Bewusstsein der Anteilnahme am gemeinsamen Ziel sowie ein Gefühl des gegenseitigen Nutzens vermitteln. Nur wenn man den Mitarbeitern/innen Entscheidungsfreiheit überlässt, bestätigt sich der Satz: „Der Mensch steht bei uns im Mittelpunkt."

Feedback und Lob

Persönliches Feedback und Lob in Verbindung mit neuen Anforderungen steigern Fähigkeit und Kompetenz, sie motivieren zur Höchstleistung. Hohe, positive Erwartungen der Führungskraft bei der Ausführung von Tätigkeiten, die Mitarbeiter/innen als sinnvoll auf dem Wege zur Vervollkommnung ihrer emotionalen und intellektuellen Fähigkeiten betrachten, motivieren Mitarbeiter/innen eigenständig, von innen heraus, höhere Leistungen zu erbringen.

Besteht ein gegenseitiges Einverständnis in Hinblick auf Ergebnisse, Ziele und Arbeitstempo, ohne dass ein Gefühl der Restriktionen herrscht, kann die Begeisterung der Führungskraft ansteckend wirken. Begeisterung schafft ein positives Arbeitsklima.

Mitarbeiter wie einen der besten Kunden behandeln

Erfolgs-Tipp:

Als Kernverhaltensausrichtung gilt: Würde jeder Unternehmer seine Mitarbeiter so behandeln wie einen seiner besten Kunden, und die Mitarbeiter/innen untereinander würden dasselbe tun, wäre die Zunahme und das Wachstum des Gewinns eines Unternehmens gesichert. Vermittelt ein Manager ein positives Image, welches er intern und extern im Unternehmen lebt, kann er ein positives Kraftfeld um sich herum erzeugen.

Wertvolle Kommunikation

8

Gelassenheit

1. Gesunde Kommunikation 156

2. Kommunikationsabsicht 158

3. Die Kraft der Gelassenheit 159

1. Gesunde Kommunikation

Ein Manager in einem meiner Seminare kommentierte: „Während meines Betriebswirtschaftsstudiums habe ich alle möglichen Theorien über strategisches Management, Marketing, Bereichsmanagement und über das Finanzwesen kennen gelernt, doch ich hatte mich niemals gefragt, was ein Manager ist und auf welche Verhaltensweisen es ankommt, wenn man erfolgreich sein will. Mir ging es anfänglich nur darum, Strategien zu entwickeln, die dem Unternehmen einen Vorteil gegenüber der Konkurrenz brachten. Doch ob es um Marktanteile ging oder Bankfinanzierungspläne, alles, jede einzelne Verhandlung, die ich jemals geführt habe, jede neu entwickelte Strategie, hing letztlich von persönlicher Sympathie und Kommunikationsfähigkeit ab. Und gerade dieser praktische Bereich wird viel zu wenig beachtet. Es sind die menschlichen Probleme, die Konflikte, die gelöst werden müssen. Sie kosten am meisten Energie, Zeit und Kraft."

Wir können unsere Persönlichkeit verändern

Wie können wir das ändern? Wir neigen dazu, unsere Charakterstruktur und unsere Persönlichkeit als etwas Unveränderbares zu betrachten und uns selbst in einer bestimmten Art und Weise zu definieren. Sicherlich ist jeder Mensch konditioniert, und auf Grund bestimmter Glaubenssysteme und negativer Gedankenformen haben wir uns mit der Zeit ein ganz spezielles Verhalten angeeignet und uns an dieses Verhalten gewöhnt. Viele Wesensmerkmale sind blockiert und entstellt, und manche Kommunikationsmechanismen, die uns vielleicht in unserer Kindheit schützten, dienen uns heute nicht mehr. Persönliche Kommunikation ist Ausdruck unserer Persönlichkeit, und diese Persönlichkeit wird durch unseren Charakter getragen.

Achtung: In der heutigen Zeit wird auf Grund der nachlassenden Bedeutung der Religionen die zentrale Bedeutung der Persönlichkeit zu wenig betont, weil materieller Erfolg im Vordergrund steht und die meisten Menschen meinen, dass sie nur mit Tricks erfolgreich sein können. Tatsächlich sind wir dann die Verlierer, denn wir können unsere Fähigkeiten nicht vollständig entwickeln.

Ein Mensch mag ein großer Künstler sein oder ein berühmter Politiker, aber wenn er seinen Charakter nicht verfeinert hat, wird er im menschlichen Umgang Schwierigkeiten haben. Menschen, deren Fähigkeiten stagnieren und die in der Oberflächlichkeit des Seins schwimmen, behaupten oft, es gäbe keine Moral, und sie glauben so, die Freiheit zu besitzen, nach ihrem eigenen Gutdünken zu handeln. Was ihnen meistens nicht bewusst wird, ist, dass sich ihre mangelnde Selbstkenntnis und die Vermeidung ihres Individuationsprozesses als innere Unsicherheit und als verdrängte Angst äußern.

Diese Angst schafft Lebenserfahrungen, die das negative Weltbild zu beweisen scheinen. Weil sie sich ihrer inneren Kraft nicht bewusst sind und die Höhe des materiellen Gewinns den Selbstwert bedingt, ist ihr Agieren im täglichen Umgang von negativen Erwartungen geprägt. In der Annahme, es ginge allen anderen auch nur um Geld und Gewinn, fühlen sie sich bedroht. Dies führt entweder zu aggressivem Verhalten oder zur Abkapselung von den Mitmenschen. Daraus rührt ein gestörtes zwischenmenschliches Verhalten.

Erfolgs-Tipp:

Gesunde Kommunikation setzt zuallererst Charakterstärke voraus, die zu einer emotionalen Balance führt. Diese Balance macht es erst möglich, in der Kommunikation die tatsächliche Absicht unseres Gesprächspartners wahrzunehmen und zu erfühlen.

Gesunde Kommunikation setzt Charakterstärke voraus

2. Kommunikationsabsicht

Vordergründige und verborgene Absicht

Es ist wichtig, zwischen der vordergründigen Absicht der Kommunikation – unserem „materiellen" Kommunikationsziel – und der uns wirklich innewohnenden Absicht, dem „verborgenen" Kommunikationsziel (welches auch materiell sein kann) zu unterscheiden.

Ist uns unsere innewohnende Absicht bewusst, können wir aus einer ganzheitlichen Wahrnehmung heraus kommunizieren. Ohne dieses Bewusstsein verliert der Kommunizierende die Kontrolle; er wird von außen bestimmt. Solange das Motiv der Kommunikation ein Zufallsprodukt ist, wird unnötige Energie vergeudet. (Was keineswegs bedeutet, man sollte nicht spontan sein.) Diese Energieverschwendung hindert uns wiederum daran, sinnvolle Aufgaben im Leben zu erfüllen, die uns helfen würden, unsere Persönlichkeit zu entfalten.

Es reicht nicht aus, nur auf die Worte zu hören, wenn wir uns innerlich nach der verborgenen Absicht der Kommunikation unseres Gegenübers fragen. Denn Persönlichkeitsstruktur sowie die kulturelle und sprachliche Prägung und Erfahrung unseres Gegenübers kann ganz anders sein als unsere.

Wichtig: Worte beschreiben nicht nur ein Ding oder eine Gegebenheit, sondern die Wortwahl vermittelt den emotionalen, intellektuellen und geistigen Zustand des Kommunizierenden.

Zwischen den Zeilen lesen

Wir können nur das, was für uns innerlich erlebbar und erfühlbar ist – das von uns innen Erschaute –, verstehen. So ist das Gesagte für eine Zustimmung oder Ablehnung niemals das allein Entscheidende, auch das Nichtgesagte ist relevant, wenn es um wirkliche Verständigung geht. So gewinnt der Sinn hinter den Worten sowie der tiefere Sinn des Schweigens eine vitale Bedeutung. Der innere, verborgene Sinn hinter der Kommunikation entgeht uns, wenn wir Meinungen von unserem Gegenüber erwarten, die uns bereits bekannt sind. Wie oft sagen wir immer wieder die gleichen Dinge und erwarten immer die gleichen Antworten, ohne überhaupt den Elementargedanken, den der andere uns vermitteln möchte, zu erfassen. Deshalb sind wir gegenüber dem wirklichen Inhalt, der uns vermittelt wird, verschlossen.

Eine wörtliche Auffassung verschleiert den wesentlichen Gedanken, und der automatisierte Austausch von Worten lässt uns die Erfahrungen des anderen nicht begreifen.

Worte wirklich „verstehen" bedeutet, sich selbst und anderen näher zu kommen, denn Sprache spricht alle Ebenen des Bewusstseins an. Bewusste Wahrnehmung erschließt tiefere Wahrheiten in einem direkten Verstehen, das über automatisierte Kommunikation hinausgeht.

Sprache spricht alle Ebenen des Bewusstseins an

Erfolgs-Tipp:

Offene, einfühlsame Kommunikation erlaubt eine interpretative Sichtweise, die ein reiner „Tatsachenbericht" aktueller Geschehnisse nicht leisten kann. Die gefühlsmäßige Stimmung des Gegenübers und die „symbolisch" kommunizierten Inhalte zu deuten erfordert „Gespür" und Erfahrung.

3. Die Kraft der Gelassenheit

Innere Fehlbalance auf Grund einer verzerrt wahrgenommenen Charakterstruktur führt dazu, dass wir die Wirklichkeit anders erfassen. Zudem werden wir durch äußere Reize abgelenkt, sind zerstreut, es mangelt uns an Orientierung und Aufmerksamkeit. Das alles beeinträchtigt unsere innere Erfahrung. Zu sehr auf uns selbst und auf unsere Abwehrreaktionen bezogen, haben wir uns von den tiefen Schichten unseres Innersten zu weit entfernt, um im Hier und Jetzt wach zu sein.

Unser Gegenüber spürt, dass es ernst genommen wird

Innere Wachheit lässt unser Gegenüber spüren, dass es ernst genommen wird. Dadurch verhindern wir bereits im allerersten Moment unserer Interaktion eine irreführende, täuschende und automatisierte Kommunikation. Die „Wahrheit" des Augenblicks ist niemals aus einer verzerrten Weltsicht erfahrbar, sondern wir können sie nur aus unserer inneren Balance heraus – in einem angstfreien Zustand – erkennen.

Angst äußert sich in psychischer Abwehr oder in verbalen Angriffen. Aus Angst umgibt sich der Mensch mit einem Panzer. Wenn wir die verborgene Angst erkennen, werden fast alle kommunikativen Fehlverhalten in uns selbst und in den anderen verständlich. Wir können das, worüber der andere spricht, erspüren, und sogar Brutalität der Gedanken und Worte so erleben, dass wir wenigstens teilweise verstehen, warum der Mitmensch destruktiv, dominant oder fanatisch ist.

Wichtig: Sobald wir uns vorstellen können, wie sich der andere fühlt und worüber er spricht, überrascht uns nichts mehr, und wir wissen intuitiv, wie wir uns zu verhalten haben, so dass die Kommunikation für uns und für den anderen „gut" ist.

Angst führt zu Täuschung

Die „Ich-habe-Recht"-Sucht wird genauso verständlich wie die passive, automatisierte Haltung in der Kommunikation. Angst führt zu Täuschung, die Kommunikation emotional färbt. Sie ist immer irreführend und Kraft raubend.

Ferner sollten wir zwischen Sentimentalität und einer gesunden Gefühlswelt unterscheiden. Sentimentalität ist ein Ersatz für ein vom Innersten abgeschnittenes Gefühl, das zu einem Um-sich-selbst-herum-Kreisen führt und von der Wirklichkeit ablenkt.

Das Unterdrücken von Gefühlen führt zu rigiden Verhaltensweisen, die das Gefühl für sich selbst und den anderen verschleiern. Die Scheinruhe des Panzers hat nichts mit der wirklichen inneren Ruhe, die aus der inneren Gelassenheit, der psychischen Ruhe erwächst, zu tun.

Erfolgs-Tipp:

Gelassenheit ist die Voraussetzung für Entspannung, und die entspannte innere Haltung ist die Basis einer „wertvollen" Kommunikation. Denn Gelassenheit als Folge einer allgemein positiven Stimmungslage, basierend auf einem klaren Selbstbewusstsein, steigert das Konzentrationsvermögen und versetzt Sie in die Lage, mit jedem Menschen unmittelbar, direkt und intensiv zu kommunizieren. So wie Erich Fromm sagt: „Selbst der gewöhnlichste Mensch wird – von außen betrachtet – höchst interessant, wenn man ihn einmal als jenes lebendige Wesen sieht, das in diese Welt geworfen wurde, an einen Ort, den er sich weder gewünscht hat noch der ihm bekannt war, und wie er sich seinen Weg durch das Leben erkämpft."[34)]

Gelassenheit steigert das Konzentrationsvermögen

Drei Verhaltenstypen

9

1. „Fight-or-Flight"-Reaktionen 164
2. Passives Verhalten 165
3. Aggressives Verhalten 171
4. Die achtsame Selbstbehauptung: Assertives Verhalten 175

Verhaltenstypen

1. „Fight-or-Flight"-Reaktionen

Passives und aggressives Verhalten

Eine Darstellung von zwei elementaren Verhaltenstypen – passives, aggressives und assertives – soll bewusster machen, welche Verhalteneigenschaften kommunikationsmindernd sind.

Genetisch sind wir – wie bereits erwähnt – vorgeprägt, bei Angst oder Stress eine „Fight-or-Flight"-Reaktion zu haben. Die Alarmsignale, die das eine oder andere Verhaltensmuster auslösen, sind nicht körperlicher Natur. Dr. Branko Bokun[35)] geht so weit zu sagen, dass Stress zu einer scheinbar unentbehrlichen Droge geworden ist. Wenn sie fehlt, entsteht ein Gefühl der Leere, denn Stress vermittelt dem Menschen das Gefühl, wichtig zu sein.

Unreife Gewohnheit

Hieraus können wir schlussfolgern, dass passives und aggressives Verhalten eine gewohnheitsmäßige, aber nicht reife, bewusste Verhaltensreaktion ist. Der Mensch, der sich passiv oder aggressiv verhält, gibt meistens den äußeren Umständen, der Person, dem Tier oder der Sache die Schuld für seine Reaktion und ist sich dabei nicht bewusst, dass er im Sinne seiner früheren Erfahrungen reagiert.

Wichtig: Innezuhalten und aus der inneren Mitte heraus zu kommunizieren und zu handeln, ist ein Verhalten, welches sich nicht einfach impulsiv ergibt, sondern erst Erkennen und Ändern der alten Gedankenmuster erfordert. Werden diese neuen, positiven Muster von unserer Psyche aufgenommen, können wir anders miteinander interagieren.

Power Word

Negative Eigenschaften transformieren

Alte Gedankenmuster können umgewandelt werden, wenn wir uns genau das Gegenteil der Eigenschaft, die wir ändern möchten, vorstellen. Denken wir intensiv an „Mut" und „Ehrlichkeit", können sich die entsprechenden Vorstellungsbilder tief in unser Unterbewusstsein einprägen – wenn wir es wollen. Ein starkes „Wollen", verbunden mit einer bildlichen Vorstellung, in der wir uns im täglichen Leben von dieser Eigenschaft durchströmt fühlen und die daraus folgenden Vorteile erkennen, trägt nach einiger Zeit Früchte. Je lebendiger und intensiver das mentale Bild der angestrebten Eigenschaft ist, desto schneller und müheloser werden sich die Änderungen vollziehen.

Von negativen Charaktermechanismen befreien

Nach und nach verwandeln sich negative Muster, bis sich eine neue Charakterstruktur kristallisiert. Wir sollten uns täglich immer wieder bewusst machen, dass diese Änderung uns von Charaktermechanismen befreien kann, die uns sonst ein Leben lang in einem verzerrten Weltbild gefangen halten würden.

Der Mensch mit einer solchen positiven Charakterentwicklung wird auf die Abwehrmechanismen der passiven und aggressiven Verhaltensstruktur immer seltener zurückgreifen. Die entsprechende Verhaltensweise, die dem Vorstellungsbild „assertive" in der englischen Sprache ähnelt, werde ich im Textverlauf noch näher erklären und „achtsame Selbstbehauptung" nennen.

2. Passives Verhalten

Passives Verhalten ist oft unauffällig. Der stille Mitarbeiter, der gelegentlich kleine Späßchen macht, selten seine Meinung äußert, wenn etwas besprochen wird, die nötige Arbeit leistet und sich sonst zurückhält, kann unter tiefen, verborgenen Komplexen leiden. Wird er mit Schwierigkeiten konfrontiert, neigt er dazu, seinem Gegenüber nicht in die Augen zu schauen. Sein herumschweifender Blick sucht nach einer Möglichkeit, sich zu verstecken.

Selbstmitleid verhindert eine objektive Sicht

Passive Menschen fühlen sich unwichtig, haben ein schwaches Selbstwertgefühl und verhalten sich oft so, als wären ihre Wünsche und Bedürfnisse unbedeutend. Aus Angst vor Disharmonie sagen sie nicht, was sie wirklich denken, stimmen oft zu, wenn sie eigentlich Nein meinen. Dies führt zu Unzufriedenheit und Verzweiflung bei ihren Mitmenschen, die niemals wirklich wissen, was die passiv Kommunizierenden denken und wollen. Das führt dazu, dass alles, was sie murmelnd zusichern, doch noch in Frage gestellt wird. Tut er wirklich, was er gesagt hat?

Passive Menschen neigen dazu, Ja zu sagen, auch wenn sie im Innersten wissen, dass dieses Ja zu erfüllen höchst unwahrscheinlich ist, und so enttäuschen sie oft den anderen. Wenn das Gegenüber sich dann enttäuscht zeigt, wird ihr mangelndes Selbstwertgefühl noch verstärkt. Auch wenn sie ärgerlich sind, setzen sie ein Lächeln auf. Aus Angst vor Streit versuchen die passiven Menschen, sich vor der Missgunst der anderen durch das Verstecken ihrer Gefühle zu schützen. Sie beklagen sich über ihre Situation, tun aber nichts, um diese zu ändern. Durch Ausreden, Entschuldigungen und Rechtfertigungen bemühen sie sich, die Gunst des anderen zurückzugewinnen. Selbstmitleid verhindert eine objektive Sicht der Lage.

Beispiel:

- Als der Chef eines Unternehmens befördert wurde, machte er sich Gedanken darüber, wer sein Nachfolger werden sollte. Er dachte an Herrn B., der besonders viel Fachwissen besaß.
- Herr B. jedoch konnte sich über die Beförderung nicht freuen, begann tagaus, tagein über das Für und Wider zu grübeln. Unsicherheit nahm überhand, und er hatte Angst, die neuen Verantwortungsbereiche zu übernehmen. Er wusste nicht genau, was man in dieser neuen Position von ihm erwartete, wagte aber nicht, den früheren Chef darüber zu befragen. Er wachte nachts oft schweißgebadet auf, weil er sich vermeintliche Intrigen eingebildet hatte. Wegen dieser eingebildeten Intrigen verhielt er sich in allen Entscheidungsfragen zögerlich und ging sogar wichtigen Gesprächen aus dem Wege. Er begann, mit seinem früheren Chef

ängstlich umzugehen, überzeugt davon, dass sich einige Mitarbeiter bereits über ihn beim Chef beklagt hätten.

- Als die Arbeitsbereiche von den Mitarbeitern wegen unklarer Absprachen nicht zufrieden stellend bearbeitet wurden, verschlechterte sich das Arbeitsklima zunehmend, und als er endlich an eine andere Stelle versetzt wurde, warf er seinen Mitarbeitern verachtend vor, sie hätten absichtlich ihre Arbeit nicht gewissenhaft erledigt, um ihn herauszuekeln.

Passive Menschen fragen ständig um Erlaubnis

So wie viele passive Menschen, zog sich auch Herr B. zurück, denn tief im Innersten meinte er, der Herausforderung nicht gewachsen zu sein. Passive Menschen fühlen sich, als würde die Außenwelt sie kontrollieren. Deshalb fragen sie öfter als notwendig um Erlaubnis, machen für die eigenen Misserfolge nur die äußeren Bedingungen verantwortlich. Zu erledigende Aufgaben werden so lange wie möglich aufgeschoben und Entscheidungen am liebsten gar nicht gefällt. Letztlich entscheidet dann das Umfeld, weil ihr endloser Versuch, alles abzusichern, es ihnen unmöglich macht, eine Entscheidung zu fällen.

An alte Sicherheiten geklammert

Konfrontation und alle Angst auslösenden Situationen werden vermieden, und der passive Mensch versucht, sich durch das Festklammern an alte Sicherheiten oder Werte abzusichern. Er verhält sich als lieber Kerl, selbstlos und unproblematisch, weil er Orientierungshilfe sucht. Aus Angst vor Risiken bleibt er am liebsten beim Althergebrachten. Deshalb sind sie oft mit Personen befreundet, die genauso wenig wie sie Veränderungen und Neuem gegenüber aufgeschlossen sind. Gelegentlich schauen sie auf zu einem Menschen, den sie hoch schätzen und manchmal auch um Rat fragen, da sie stets auf gute Leistung bedacht sind. Zudem befürchten sie, dass jede Entscheidung schief gehen könnte. Sie ziehen sich lieber schon von Anfang an zurück, um spätere Unzufriedenheit zu vermeiden. Es wird enorme Energie aufgebracht, um Konflikte zu verhindern.

Passive Menschen vermeiden, selbst zu handeln

Mit der Zeit werden die Konflikte immer bedrohlicher, weil sie die Kontrolle über ausgelöste Gefühle immer mehr verlieren. Die Angst vor Neuem und die Unfähigkeit, diese Angst zu überwinden verhindern, dass sich neue Situationen zum Positiven hin entwickeln. Wenn der andere durch sein Verhalten eine Entscheidung provoziert, ist der passive Mensch zum Teil erleichtert, weil ihm der Angst einflößende Zwang zur Entscheidung genommen wurde und er für das Ergebnis auch keine Verantwortung tragen muss. Durch Ausweichen, Verschieben oder Flucht aus der Entscheidungssituation vermeidet er, selbst zu handeln. Er zieht sich zurück, um zu sich zu finden, zweifelt aber dabei an seiner Fähigkeit, die Dinge richtig zu sehen, und wartet schweigend.

Deshalb siegt meistens die Routine, denn sie hat sich bewährt. Das Kreative lässt zu viel offen und wird zu einer Überforderung. Dabei sieht sich der passive Mensch im Geheimen oft als unentdeckte, kreative Hochbegabung.

Charakterstudie: der passive Mensch

Konflikte werden unter den Teppich gekehrt

Sie behaupten, auf Grund ständiger Verpflichtungen und diverser anderer Umstände nicht wirklich kreativ leben zu können. Diese Haltung ihrem Umfeld gegenüber unterstreicht ihre Machtlosigkeit, die, wenn sie ihnen ahnungsweise bewusst wird, in ihrem Inneren Groll und Aggression hervorruft. Für eine Führungskraft ist offensichtlich ein solches Verhalten weder mitreißend noch Vertrauen erweckend. Dennoch geraten auch Personen mit diesen Verhaltensmerkmalen durch hoch qualifizierte Fachleistungen in die Führungsspitze. Die Auswirkungen sind schädigend, weil Konflikte unter den Teppich gekehrt werden bis sie explodieren und manchmal irreparablen Schaden anrichten. Entscheidungen werden so lange vermieden, bis die Gelegenheit verpasst ist.

Wichtig: Dieses bedeutet keineswegs, dass Schweigen nicht manchmal die intelligentere Verhaltensweise ist. Passives Verhalten kann in emotional explosiven Situationen angebracht sein, wenn die Gesprächspartner jegliche sachliche Gesprächsbasis entbehren lassen. Außerdem gibt es genügend Situationen, in denen die nötigen Sachinformationen fehlen, um sich ein Urteil oder eine Entscheidung zu erlauben.

Schwaches Selbstwertgefühl

Der passive Mensch ist nur gering belastbar, fürchtet sich vor jeder Auseinandersetzung und kann sich nur schlecht durchsetzen. Seine Angst vor Nichtakzeptanz führt zur inneren Unsicherheit, die den natürlichen Austausch von Geben und Nehmen in der Kommunikation beeinträchtigt. Da er niemals die Kraft seines Unterbewusstseins erfahren hat, die tief in seinem Innersten verborgen liegt, hat er ein schwaches Selbstwertgefühl entwickelt. Aus Angst vor Bedrohungen zieht er sich in seine innere Festung zurück und nimmt so wenig Kontakt wie möglich nach außen auf. Auf Grund dieser „Energiesparmaßnahmen" verfügt er über erstaunlich viel Kraftreserven. Obwohl er gerne mehr zur Kommunikation beitragen würde, fehlt ihm der Mut. Er sehnt sich nach einem „Wir"-Gefühl, hat aber zugleich Angst, dass jeder Mensch, der ihm „zu nahe" kommt, sich in seine Angelegenheiten einmischen könnte.

Von Widersprüchen gezeichnet

Seine Art der Kommunikation ist von Widersprüchen geprägt. Einerseits strebt er danach, seinen Gedanken und Ideen Ausdruck zu verleihen, andererseits sind seine Ideen aber zu undifferenziert und unklar, um sie anderen mitteilen zu können. Ihrer Kommunikation fehlt deshalb die erwünschte Lebendigkeit und Spontaneität, und ein aggressiver Mensch wird leicht ungeduldig und fällt seinem passiven Gesprächsgegenüber ins Wort. Mischt sich jemand in den sich langsam entwickelnden kommunikativen Prozess ein, kehrt sich der passive Mensch enttäuscht und frustriert nach innen.

Diese Frustration kann sich irgendwann in überraschend starken, aggressiven Reaktionen äußern.

Nervös, gelangweilt, schwächlich

Charakteristika eines passiven Menschen

- Die Bewegungen: Der passive Typ wirkt oft nervös. Er nickt und stimmt zu, ohne Zustimmung ausdrücken zu wollen, wechselt sein Körpergewicht von einem Bein auf das andere, neigt den Kopf oder hält ihn zu einer Seite. Er hustet mehr als gewöhnlich und schaut seinem Gegenüber nicht gerne in die Augen.
- Der Gesichtsausdruck: Er sagt oft wenig über die Gedanken oder Gefühle aus, wirkt eher gelangweilt und leer, unter Umständen auch unruhig, aber abwartend.
- Der Blickkontakt: Er wird weitgehendst vermieden, die Augen sind oft nach unten gerichtet oder wandern ziellos umher.
- Die Körperhaltung: Sie ist lässig, der Rücken selten gerade.
- Die Stimme: Sie ist eher leise und schwach, es wird vom Hals und nicht vom Solarplexus aus gesprochen. In hektischen Situationen ist die Sprache eher schnell und ansonsten unsicher und zögerlich.

  Entschuldigungstiraden

  Häufige Redewendungen:

  „Entschuldigung ..."

  „Wäre es Recht ...?"

  „Ist es in Ihrem Sinne ...?"

  „Ja ... Selbstverständlich ..."

  „Wenn doch nur ..."

  „Ich werde versuchen ..."

  „Ich sollte lieber ..."

  „Ich drücke mich vielleicht ungeschickt aus, aber ..."

  „Um ganz ehrlich zu sein ..."

  „Ich möchte eigentlich nicht darüber sprechen"

  „Vielleicht habe ich Sie nicht so richtig verstanden, aber ..."
- Kennzeichnend ist eine entschuldigende, indirekte Sprache. Die wirklichen Gedanken und Gefühle werden nicht kommuniziert, denn man möchte nett und liebenswert wirken. Oft wird wenig Wertvolles oder Tiefes zu einem Thema gesagt, weil das Gespräch so unverbindlich bleibt.

Welche Folge hat passives Verhalten für den Menschen? Sein Selbstwert schwindet immer mehr, weil er nicht ehrlich ausdrücken kann, was er denkt, fühlt und will. Wenn er keine Entscheidung fällt, fühlt er sich schwach, wenn er eine fällt, überwältigen ihn Panik und Besorgnis. Obwohl sie anderen äußerlich die Schuld an ihrer Situation geben, ist in ihrem Innerem das Wissen über ihre eigene Charakterschwäche immanent und verursacht ein zunehmendes Unbehagen und eine dumpfe Art von Schuldbewusstsein.

3. Aggressives Verhalten

Der aggressive Mensch hört selten richtig zu

Der aggressive Mensch will seine Rechte ausdrücken, ohne sich um die Auswirkungen seiner Worte und Taten auf andere zu kümmern. Manchmal scheint es dem aggressiven Menschen regelrecht ein Vergnügen zu bereiten, einen anderen in einer schwächeren Position zu verletzen. Wenn er auf Grund einer Reaktion Verletzbarkeit entdeckt, verliert er die Achtung.

Ebenbürtige oder stärkere Gegenüber flößen ihm Angst ein. Das Ziel soll durchgesetzt werden, und wenn es nicht von den anderen genügend unterstützt wird, folgen Wutausbrüche, Drohungen und Einschüchterungsversuche. Weil der aggressive Mensch selten richtig zuhört und nur das aufnimmt, was er hören will, entstehen Missverständnisse. Wenn etwas schief geht, dann sind die anderen schuld.

Es werden oft Vorurteile gefällt

Menschen werden als Mittel zum Zweck betrachtet, es geht überhaupt nicht um das Selbstwertgefühl des anderen, sondern um die Leistung, die erbracht wird. Alles andere ist ihm lästig und lenkt vom Ziel ab. Weil der andere nicht als Mensch geschätzt wird und sich oft unterdrückt fühlt, leistet er weniger, als er tatsächlich könnte. Dies wird wiederum bestraft. Ein aggressiver Mensch ist schnell mit Vorurteilen. Sein vermeintlicher „Humor" wirkt oft beleidigend.

Von Komplexen geplagt

Angst vor Reflexion

Warum verhält sich ein Mensch so? Ein aggressiver Mensch hat über sich und sein Leben nicht genügend reflektiert. Diese Reflexionen würden, wenn sie stattfänden, sehr schmerzhafte Inhalte hervorrufen, so dass die Angst, ihnen zu begegnen, enorm groß ist.

Sich eine „kluge" Weltsicht zusammenbasteln

Denn hinter der kühlen, berechnenden, äußeren Schale des aggressiven Menschen liegt ein kleines, unsicheres Wesen verborgen, das Panik hat, von der Außenwelt entdeckt zu werden. Der aggressive Mensch setzt sich nicht mit seiner inneren Angst auseinander, denn er möchte das Bild von seiner eigenen Größe und Wichtigkeit vor sich selbst um jeden Preis aufrechterhalten. Dies hat zur Folge, dass solche Menschen sich eine „kluge" Weltsicht zusammenbasteln, mit der sie ihre unvermögende Einsicht und ihre Selbstzweifel kaschieren.

Destruktive Streitereien

Das von Minderwertigkeitskomplexen geplagte Selbst ist nicht offen, lässt kaum einem Menschen gegenüber eine wirkliche Nähe zu, denn es bestünde die Gefahr, dass seine innere Ohnmacht erkannt werden könnte. Das labile Selbst versucht mit allen Mitteln, ein Alibi für die Richtigkeit seines Verhaltens aufzubauen, und derjenige, der das instabile Wertegerüst zum Schwanken bringt, wird hart bekämpft. Je stärker sich ein Gegenüber an diese verborgene Wahrheit herangetastet hat, desto mehr wird der aggressive Mensch sich durch destruktive Streitereien und Rechthaberei zur Wehr setzen. Die Mitmenschen fühlen sich erdrückt, beunruhigt und minderwertig.

Unternehmer verhalten sich oft aggressiv, weil sie den Kampf als die einfachste und schnellste Methode erfahren haben, um ein Ziel zu erreichen und drohende Konflikte zügig zu ihrem Vorteil zu regeln. Viele aggressiv geprägte Menschen meinen, so gut zurechtzukommen, weil sie erreichen, was sie wollen. Dabei kümmern sie sich nicht um die Opfer auf der persönlichen Ebene, und wenn sie von ihnen wüssten, würde es sie wahrscheinlich nur wenig berühren. Der andere ist selbst „schuld". Ihr Handeln ist gerechtfertigt, weil sie „Recht haben".

Strategisches Vorgehen

In der Teamarbeit kommunizieren sie meist „strategisch", um die wichtigsten Aufgabenbereiche unter Kontrolle zu haben. Deshalb wird ihnen meistens die größte Verantwortung übertragen. Auf Grund ihres Vorwärtsdranges kehren sie sich nicht nach innen, so dass es ihnen schwer fällt, gute, langfristige Entscheidungen zu fällen, denn sie haben kein klares Bild über die Gesamtsituation im Hier und Jetzt. Ihre Meinungen über die Vergangenheit werden auf die Zukunft projiziert.

„out of focus"

Sie sind „out of focus", weil sie sich selbst und ihr Gesprächsgegenüber nicht in der Gegenwart wahrnehmen und nicht bereit sind, sich über die Meinung des anderen Gedanken zu machen. Da sie dennoch oft kurzfristige Erfolge haben, tarnen sie ihre inneren Widersprüche und Ängste hinter einer Maske und vermeiden eine mehrperspektivische Sicht der Gesamtsituation.

Charakteristika eines aggressiven Menschen

Unangenehme Nähe

- Die Bewegungen: Der aggressive Typ zeigt gerne mit dem erhobenen Finger und steht gerne, während der andere sitzt. Oft tritt er näher an sein Gegenüber heran, als diesem angenehm ist. Das Verhalten ist vielfach körperlich zu vertraut.
- Der Gesichtsausdruck: Er ist oft unzufrieden, kritisch, sarkastisch, stirnrunzelnd.
- Der Blick: Die Augen starren das Gegenüber an, blinzeln kritisch, rollen sich sarkastisch und hochmütig nach oben.
- Die Körperhaltung: Die Körperhaltung ist eher starr und verspannt.

Besserwisserei

- Die Stimme: Der Ton der Stimme ist kritisch und besserwisserisch. Sie wird schnell laut, schrill oder rau. Das Sprech-

noch: Charakteristika eines aggressiven Menschen

tempo ist eher schnell, es wird aber doch präzise „befohlen". Typische Worte sind:
„Sie müssen ..."
„Sie sollten lieber ..."
„Sie sind immer ..."
„Was für eine dumme Sache für einen intelligenten Menschen, zu sagen ..."
„Das weiß doch jedes Kleinkind"
„Ich denk nicht daran ..."
„Ich lass mich doch nicht ..."
„Das weiß doch jeder Mensch ..."

- Ferner werden schnell abwertende, klassifizierende Verallgemeinerungen in einer „sachlichen" Diskussion als Mittel angewandt.

In einem Unternehmen ist der aggressive Verhaltenstypus schädlich. Weil er immer der Beste und Erste sein möchte, überrollt er andere und ist unfähig, in einem Team zu arbeiten.

Der aggressive Verhaltenstypus ist unfähig, in einem Team zu arbeiten

Achtung: Mit seiner Einstellung, alles besser zu können und zu wissen, reduziert der aggressive Manager die kreative Energie der Mitarbeiter/innen. Da er keinen anderen Standpunkt verstehen will und sich nicht darum bemüht, sich in den anderen einzufühlen, führt sein Verhalten zur Unzufriedenheit und Demotivation der Mitarbeiter, auch wenn durch sein Handeln einige positive Ziele durchgesetzt werden. Es entwickelt sich mit der Zeit immer mehr unterschwellige Feindseligkeit, und der Respekt im Unternehmen geht verloren, weil er mit Menschen so umgeht wie mit Dingen, die er besitzt. Wenn ihm etwas nicht zur Verfügung steht, wird er ärgerlich, frustriert und ungeduldig. Viel Energie geht verloren, nicht nur die des aggressiven Menschen, sondern die aller Mitarbeiter. Intrigen, Feindschaften und Geheimnistuerei werden gefördert, und menschliche Beziehungen verkümmern. Wirkliche Kooperation ist nicht möglich.

4. Die achtsame Selbstbehauptung: Assertives Verhalten

Die Empfindungen des anderen wahrnehmen

Das englische Wort „assertive" bedeutet: bestimmt, zuversichtlich, ausdrücklich, positiv und bejahend. Mit achtsamer Selbstbehauptung kommunizieren bedeutet, die Empfindungen des anderen wahrzunehmen und unsere Meinungen klar und deutlich zu einem geeigneten Zeitpunkt auszudrücken.

In sich ruhend und „geerdet", wirft die verzerrteste kommunikative Situation den Achtsamen nicht aus seiner inneren Mitte. Im Bewusstsein der unterschiedlichen kulturellen, individuellen Konditionierungen der Menschen versteht er seine Aufgabe darin, sich selbst und den anderen so gut wie möglich wahrzunehmen und den ursprünglichen Wesenskern in seinem Gegenüber zu erkennen.

Meister der Stille

Er kann sich seinem Gegenüber anpassen, ohne sich selbst dabei zu verlieren oder Kraft einzubüßen, denn die Anpassungsfähigkeit und Akzeptanz des anderen in seiner besonderen Wesensart basiert auf innerer Klarheit und Selbstsicherheit. Als Meister des „Erkennens des Nicht-Gesprochenen" stellt er als Erstes seine „Energiefrequenz" auf sein Gegenüber ein, wobei seine Energie sich im Inneren ballt, um bei Bedarf dem anderen vermittelt zu werden. So erweckt die Präsenz des Achtsamen das Gefühl einer positiven Verbindlichkeit. Er achtet sorgfältig darauf, sich nicht von der Charakterstruktur des anderen beeinflussen zu lassen. Beginnt das Gesprächsgegenüber einen Streit, lässt er sich nicht in den Streit mit hineinziehen.

Großzügigkeit im Verhalten

Er bemüht sich, aus den Reaktionen des anderen die Essenz, das Körnchen Wahrheit, herauszufiltern. Der Meister der achtsamen Selbstbehauptung verwendet positives Filtering, um sich ein „holographisches" Gesamtbild zu machen.

Die Fehler des anderen bewusst „übersehen"

Dabei „übersieht" er bewusst die Fehler des anderen (übermäßige Emotionalität oder lineare Wahrnehmung), die dazu geführt haben, dass derjenige sich nur auf eine „Ecke" eines Themas beschränkt hat, woraus eine Verzerrung des Sachverhaltes erfolgt ist. Überemotionale Reaktionen, Verallgemeinerungen, eine polare Sichtweise usw. lenken von der eigentlichen Information ab. Deshalb filtert der assertive Typ die Art und Weise, in der Worte gesagt werden, so dass die relevante, emotionale Essenz, die der Kommunikation zu Grunde liegt, nicht verloren geht. Er lässt die Meinung des Gegenübers gelten, auch wenn dieser versucht, ihn dabei „kleiner zu machen", denn der eigene Selbstwert ist nicht bedroht. Die momentanen Wertmaßstäbe und das Verhalten der Person verleiten nicht zu einer endgültigen Klassifizierung.

Verbindlichkeit statt Distanz?

Wirklich zuhören zu können, in positiver Weise Nein zu sagen und in innerer Gelassenheit Kritik entgegennehmen zu können, führt zu einer Souveränität, die das Gesprächsgegenüber spürt. Diese Souveränität erzeugt nicht Distanz, sondern Verbindlichkeit. Die Gesprächspartner gewinnen Vertrauen zueinander. Das Gefühl der Akzeptanz – trotz aller Überreaktionen – lässt den anderen seine eigene Menschlichkeit erfahren. Deshalb fällt es einem achtsamen Menschen auch nicht schwer, seinem Gegenüber das zu geben, was er tief im Innersten braucht.

Das wache Dasein und die Aufmerksamkeit des Achtsamen vermitteln Sicherheit in menschlichen Interaktionen, die dem anderen helfen kann, sich von seinen tief verborgenen Angstgefühlen zu befreien. Diese Angstgefühle sind Ausdruck eines Defizits. Persönliche und achtsame Kommunikation kann dazu beitragen, dass sich konditionierte Abwehrmechanismen auflösen.

Ferner können echte, spontane Komplimente und konstruktives Feedback in der Schlichtung von Konflikten helfen und den Weg zu einer positiven, offenen Interaktion anbahnen.

Probleme ohne Machtausübung lösen

Erfolgs-Tipp:

Assertives Management hilft, Konflikte innerhalb eines Unternehmens weitgehendst zu reduzieren. Entgegengesetzte Vorstellungen hinsichtlich der Firmenvision und einzelne Vorhaben können durch die Steigerung der Kommunikationsfähigkeit und Führungskompetenz kreativ genutzt werden. Kontraproduktive, persönliche Probleme der Mitarbeiter untereinander sowie Probleme mit den Führungskräften werden durch gezieltes Erlernen von assertivem Management ohne Machtausübung gelöst.

Achtung: Ein achtsamer Manager vermeidet Gefühlsexplosionen und Ärger, doch bedeutet dies nicht, dass er alles reaktionslos hinnehmen muss. Gelegentlich kann sogar ein ärgerlich wirkendes Verhalten den anderen den Ernst der Lage besser erkennen lassen, doch bleiben dann bei den assertiven Menschen keine „Nachwehen" von wirklichem Ärger, weil er die innere Balance hält.

Charakteristika eines assertiven Menschen

- Die Bewegungen: Sie sind fließend und nicht abgehackt oder zackig. Die Hände betonen das Gesagte.
- Der Gesichtsausdruck: Er ist interessiert und aufmerksam, ohne Anzeichen von Verspannung, und stimmt mit der momentanen Situation überein.
- Der Blick: Er ist direkt und offen, aber zugleich entspannt und Vertrauen einflößend.
- Die Körperhaltung: Sie ist ruhig, gerade und offen, der Kopf gerade, wobei das Kinn nicht unnatürlich erhöht wird.
- Die Stimme: Sie ist klar, gleichmäßig und selbstbewusst mit weder zu starkem noch zu schwachem Volumen. Es wird weder besonders schnell noch besonders langsam gesprochen.

Erfolgreiche Kommunikation

10

Erfolgreich sein

1. Achtsamkeit und das richtige Zuhören 180
2. Tipps zum besseren Zuhören 181
3. Der Umgang mit schwierigen Menschen 182
4. Positive Worte haben Flügel 188
5. Die Kunst, sich richtig auszudrücken 191
6. Konstruktive Kritik 193

1. Achtsamkeit und das richtige Zuhören

Zuhören ist eine aktive Tätigkeit

Zuhören wird leider allzu oft als eine passive Tätigkeit verstanden. In der Annahme, genau zu wissen, was gesagt werden wird, konzentrieren sich viele Gesprächspartner nicht auf den Gehalt und die Bedeutung des Gesagten. Eine andere Schwierigkeit beim Zuhören findet sich, wenn die Wortwahl und der Ton des Gesagten nicht übereinstimmen. Der Zuhörer setzt sich innerlich zu Wehr und lehnt den Gesamtinhalt ab.

Zuhören ist ebenso aktiv wie Sprechen. Eine offene Haltung, ohne sofort eine Meinung zu äußern oder eine Antwort zu geben, ermöglicht es dem Gesprächsgegenüber, seine Gefühle auszudrücken.

Erfolgs-Tipp:

- Lassen Sie den Gesprächspartner ausreden, ohne ihn zu unterbrechen, wird er eher geneigt sein, Ihnen ebenfalls zuzuhören. Aktives Zuhören verlangt Geduld. Sie müssen auch schweigen können.
- Aktives Zuhören heißt, sich darum zu bemühen, das, was der Sprechende ausdrückt, zu verstehen, sich dabei aber auf die wesentlichen Aussagen zu konzentrieren. Merken Sie sich das Essenzielle des Gesagten, wobei es besonders wichtig ist, auf wiederholt emotional gefärbte Aussagen und Verallgemeinerungen zu achten.

Was steckt dahinter?

Auch wenn die Sätze in keiner deutlichen, logischen Sequenz folgen, suchen Sie nach der tieferen Absicht, d. h. danach, welches Gefühl hinter den Worten steckt. Warum werden die Argumente in dieser Art und Weise vorgetragen; was will Ihr Gegenüber bewusst oder unbewusst bewirken? Wie ist die Stimme, lehnt er sich nach vorne und schaut er Ihnen ins Gesicht oder richtet er seine Aufmerksamkeit woanders hin? Wohin?

Zuhören, ohne sofort zu bewerten

Bemühen Sie sich zuzuhören, ohne sofort das Gesagte zu bewerten. Stellen Sie sich Fragen vor, die Sie stellen werden.

Beruhen die Grundideen auf einer klaren Wissens- und Erlebnisbasis? Ist der Gesprächspartner zu einem Schluss gekommen, der aus einer einseitigen Sicht herrührt? Bleiben die entscheidenden Aspekte nicht erwähnt? Wie werden Ihre Emotionen angesprochen?

Auch das unpersönlichste Sachgespräch verrät durch Wortwahl und Betonung die Einstellung und Gemütsverfassung des Sprechenden, wobei diese von der Umgebung und momentanen Situation abhängig sein kann.

Zeigen Sie Interesse an Ihrem Partner mit Gesprächsformulierungen wie „Tatsächlich?", „Wie interessant ..." usw. Stimmen Sie Äußerungen zu, ohne zu unterbrechen, indem Sie mit dem Kopf nicken oder lächeln. Ein Verhandlungspartner, der seinem Gegenüber richtig zuhört, fördert dessen Selbstvertrauen.

2. Tipps zum besseren Zuhören

- Überlegen Sie, ob Sprechen die beste Art und Weise ist, diese Gedanken zu kommunizieren, oder wäre z. B. Schreiben besser?

Wohin soll das Gespräch führen?

- Seien Sie sich darüber im Klaren, wohin das Gespräch führen soll und was der eigentliche Sinn und Zweck ist.
- Nehmen Sie sich Zeit, zuzuhören. Sogar drei Sekunden richtig zuhören vermittelt dem anderen das Gefühl, wichtig zu sein.
- Auch wenn Sie schneller denken, als der andere sprechen kann, richten Sie Ihre Konzentration darauf, „wie" gesprochen wird, d. h. Stimmlage, Betonung, Körpersprache. Richten Sie Ihre Aufmerksamkeit nicht auf die Gedankensätze, die Sie erwidern möchten.

Mental die Rollen wechseln

- Fühlen Sie sich in Ihr Gegenüber ein, auch wenn das, was gesagt wird, Ihnen missfällt. Wechseln Sie einmal mental die Rollen.
- Hören Sie sich alle Argumente an, auch die, denen Sie nicht zustimmen.
- Wenn Sie den Drang spüren, sich zu rechtfertigen (wenn der Sprecher etwas Falsches über Sie sagt oder negative Gefühle Ihnen gegenüber zum Ausdruck bringt), tun Sie es nicht.

Eventuelle Reaktionen überlegen

- Denken Sie vorher darüber nach, wie Ihre Gesprächspartner auf Ihre Worte reagieren könnten.
- Reagieren Sie souverän bei Reizwörtern und Themen, die Sie emotional aufregen.
- Achten Sie auf den richtigen Zeitpunkt, um etwas zu sagen.
- Es ist sinnvoll, das Gehörte zu paraphrasieren, um zu prüfen, ob Sie den Inhalt richtig verstanden haben. Insbesondere bei komplizierten Beschreibungen kann diese Technik nützlich sein, um spätere Missverständnisse zu vermeiden.

3. Der Umgang mit schwierigen Menschen

Realistisch bleiben

Auf Grund der verschiedenen Charakterstrukturen mit ihren negativen Mechanismen erfahren wir nicht nur positive Übereinkunft und konstruktive Kommunikation. Es werden immer wieder Situationen auftauchen, in denen es gegen unsere Erwartung trotz unserer positiven Haltung zu negativen Reaktionen kommt. Meist werden wir bei flüchtigen beruflichen Kontakten weder die Zeit noch Interesse haben, solche Reaktionen ausgiebig zu analysieren. Deshalb ist es wichtig, einige kommunikative Methoden an der Hand zu haben, die uns erlauben, unsere Kommunikationsziele zu erreichen.

Erfolgsfaktor

Klarheit der Kommunikation ist einer der entscheidendsten Erfolgsfaktoren, doch sollten wir im Namen der „Klarheit" dem anderen mit Achtsamkeit begegnen. Ferner empfiehlt es sich, trotz unserer inneren Klarheit, uns genau zu überlegen, wann und wie viel wir von unserer inneren Absicht kommunizieren wollen, oder ob es besser wäre ganz zu schweigen. Wenn wir jemanden von einer Idee überzeugen wollen, müssen wir zuallererst diesen Menschen für uns gewinnen, so dass er gerne zuhört.

Da jeder Mensch einzigartig ist, reagiert und agiert er auch auf seine ganz bestimmte Art. Bis wir die Absicht des anderen erspüren, ist es ratsam, nicht zu vertrauensselig zu sein. Dennoch sollte die Art unserer Kommunikation dem anderen das Gefühl vermitteln, dass wir bereit sind, ihm zu vertrauen.

Eine positive Kommunikationsdynamik anregen

Bewusstes kommunikatives Verhalten ermöglicht es uns, auch mit den schwierigsten Gesprächspartnern so umzugehen, dass kommunikative Verzerrung weitestgehend vermieden wird. Transformieren wir unsere Reaktionsmuster, können wir sogar bei einem Menschen, mit dem wir nur selten Kontakt haben, eine positive Kommunikationsdynamik anregen.

Einige Erfolgs-Spielregeln

Das Gesprächsgegenüber verdreht auf subtile Art und Weise das Gesagte

Dem Gegenüber das Gefühl der Überlegenheit lassen

Statt sich in eine Abwehrhaltung zu begeben, sollten Sie Ihrem Gegenüber das Gefühl der Überlegenheit lassen. Ohne jegliche Kritik oder Rechtfertigungen wiederholen Sie stattdessen ruhig, klar und deutlich die „verdrehte" Aussage, und vermeiden somit, den anderen in ein schlechtes Licht zu setzen.

Um Unkontrolliertheit zu vermeiden, ist es besser, nur wenig zu sagen. Tief durchatmen macht es leichter, in der Mitte zu bleiben.

Dabei können Sie sich vorstellen, wie dieser Mensch, der eventuell Angst vor Machtverlust hat, sich wieder ganz sicher fühlt und Ihnen positiv gegenüber eingestellt ist.

Ihr Gegenüber stellt eine kompetente Aussage so dar, als sei sie vollkommen unzutreffend

Den Gesprächspartner intelligenter erscheinen lassen, als er ist

Unterstreichen Sie in keinem Fall Ihre Kompetenz und Fähigkeiten und versuchen Sie diese auch nicht zu beweisen. Lassen Sie Ihren Gesprächspartner intelligenter erscheinen, als er ist. Erklären Sie, wie schwierig dieser spezielle Aspekt sei, und dass Sie sich deshalb so lange mit dem Thema beschäftigt hätten. Sie seien immer für weitere Anregungen offen. Dann hören Sie zu.

Mental können Sie sich vorstellen, wie ein positiver Energieaustausch mit dem Gesprächspartner stattfindet. Fühlen Sie sich im Gleichgewicht, versuchen Sie, die Aussage präziser zu wiederholen. Stellen Sie sich auf Ihrem inneren Bildschirm vor, wie der andere die Informationen positiv und interessiert aufnimmt.

Sie werden in aggressiver Art und Weise von Ihrem Gegenüber verbal „fertig gemacht"

Ihr Gesprächsgegenüber hört Ihre Meinung überhaupt nicht an und wiederholt immer wieder dieselben voreingenommenen Standpunkte.

Ein dosierter Gebrauch der „Wir"-Form

Der dosierte Gebrauch der „Wir"-Form könnte helfen, die Polarisierung aufzulösen. Denken Sie an folgenden Spruch: „Ein Mann mit einem Hammer nimmt nur die Welt der Nägel wahr." „Style flexing" ermöglicht eine neue Umstellung auf die Wellenlänge des anderen. Erkennen Sie, dass ein momentaner argumentativer Triumph nur wenig Bedeutung hat; Ihre positiven Handlungen können jedoch zu einer langfristigen Übereinstimmung führen.

Keine Vorwürfe machen

Machen Sie keine Vorwürfe, denn die erzeugten Schuldgefühle und binden den anderen in seiner Negativität an Sie. Es hilft, wenn Sie sich auf Ihrem mentalen Bildschirm vorstellen, was Ihr Gesprächspartner wirklich mit seinem Verhalten bezweckt. Werfen Sie die wirkliche Kommunikationsblockade mental ins Wasser.

Ihr Gesprächspartner verallgemeinert und entstellt damit die Wirklichkeit. „Sie machen immer ...", „Sie denken nie ..."

Negative Aussagen ignorieren

Ignorieren Sie solche Aussagen. Je mehr Aufmerksamkeit Sie ihnen schenken, desto bedeutsamer werden die Worte. Entwaffnen Sie die Aussagen, indem Sie ruhig und gelassen bleiben. Eventuell können Sie erwähnen, dass Sie selbst auch gelegentlich von anderen bei Verallgemeinerungen ertappt würden und Sie froh wären, wenn man Sie dann darauf aufmerksam machen würde, da Sie gerade dieser Aspekt an sich selbst besonders störe. Übrigens, in dem Wort Verallgemeinerungen versteckt sich das Wort „gemein".

Ihr Gegenüber versucht, Sie lächerlich zu machen

Abwarten!

Sie sollten sich in keinem Fall verteidigen und Ihre verletzten Gefühle preisgeben, sondern abwarten, bis diese feindliche Haltung sich aufgelöst hat. Lassen Sie den anderen seine Gedanken weiter formulieren und beobachten Sie einfach den kommunikativen Prozess. Eine solche Reaktion vermittelt ein Gefühl von Ungewissheit. Ihr Gegenüber wird nach kurzer Zeit erkennen, dass er mit seinen negativen Äußerungen nichts gewinnen kann und dass Sie unanfechtbar sind. Bewahren Sie Ruhe und sagen Sie nur wenig.

Ruhe bewahren

Stellen Sie sich mental vor, dass Sie mit einer Schere den Kommunikationsknoten durchschneiden und dass die negativen Äußerungen keine Wirkung auf Sie haben. Verzeihen Sie dem anderen innerlich und lassen Sie ihn los.

Schweigen wird als Machtmittel gebraucht

Indirekte Fragen stellen

Stellen Sie indirekte Fragen, die den anderen aus seiner Festung herauslocken. Meiden Sie Kommentare wie: „Ist irgendetwas los?", „Habe ich etwas Falsches gesagt?" oder sonstige Vorwürfe. Sollte sich kein Gespräch ergeben, hinterlassen Sie so dennoch ein eindrucksvolles Image.

Grundregeln für den Umgang mit schwierigen Menschen

- Versuchen Sie alles, was Sie sagen, auch die schärfste Kritik, so zu äußern, dass dem anderen sein eigener Vorteil bewusst wird. Formulieren Sie Kritik am anderen so, dass Sie diesen Fehler sich selbst zuschieben.

  Ein Beispiel: Jemand redet ununterbrochen, und Sie haben keine Gelegenheit, Ihre Gedanken auszudrücken. Lassen Sie den anderen reden. Sagen Sie in keinem Fall: „Darf ich nun auch einmal ein Wort sagen?", oder „Es wäre ja schön, wenn Sie mich auch etwas dazu sagen ließen." Diese passiven Verhaltensweisen führen zu nichts. Erwidern Sie stattdessen: „Mir ist es schon selbst oft geschehen, dass ich so im Redefluss war, dass ich den anderen kaum noch wahrgenommen habe. In der Begeisterung geschieht das oft."

Niemanden angreifen

- Greifen Sie niemanden an. Vermeiden Sie jede Konfrontation, die zum Streit führt. Wenn Sie jemanden verletzen, wird es umso schwerer, später zu einer Übereinstimmung zu kommen. Kultivieren Sie eine Atmosphäre der Ruhe und Großzügigkeit.
- Vermeiden Sie den häufigen Gebrauch von „Ich", heben Sie Ihr Können oder Leistungen nicht hervor, denn dieses könnte Neid hervorrufen. Sprechen Sie auch nicht von Ihrem Besitz oder Ihrem wunderbaren Segeltörn zu Menschen in einer schwächeren intellektuellen oder finanziellen Situation. Stellen Sie Ihrem Gegenüber Fragen, die ihn Ihr Interesse an ihm erkennen lassen. Sie lernen und erfahren mehr und werden zugänglicher.

Gedanken logisch vermitteln

- Vermitteln Sie Gedanken in einer logischen Sequenz. Sollte der andere Sie dennoch nicht verstehen, vermitteln Sie ihm den Eindruck, dass dieses Thema ja auch schwierig ist und erklären Sie den Gedanken nochmals, aber so, als ob der andere der Überlegene sei. Lassen Sie den anderen in keinem Fall das Gefühl bekommen, er sei „zu dumm", um etwas zu verstehen.

Verletzende Kritik vermeiden

- Wenn Sie den anderen kritisieren, achten Sie darauf, ihn nicht in seiner gesamten Persönlichkeit zu verletzen. Aussagen wie: „Wie kann ein Mensch nur so vergesslich sein!" schaffen Distanz; sagen Sie stattdessen: „Denken Sie bitte beim nächsten Mal daran", wird der andere eine Bereitschaft in sich spüren, Ihnen entgegenzukommen.

noch: Grundregeln für den Umgang mit schwierigen Menschen

- Weisen Sie darauf hin, dass auch das Negative sich durch bewusstes Denken und Tun in etwas Positives verwandeln kann. So können negative Erlebnisse im Leben als Lernprozess erkannt und verstanden werden. Der andere fühlt sich nicht „lebenslänglich" abgestempelt.
- Seien Sie nicht zu schnell zu vertraut mit Ihren Kollegen und Mitarbeitern, und sprechen Sie nur wenig über Ihr Privatleben mit jemandem, der Ihnen schnell sein Herz ausschüttet, denn derjenige wird wahrscheinlich bei der nächsten Gelegenheit sein Herz einem anderen ausschütten und negativ über Sie sprechen.
- Ist eine kritische Bemerkung über einen anderen einem Dritten gegenüber unvermeidlich, beenden Sie die Beschreibung niemals negativ, sondern heben sie irgendeine gute Eigenschaft hervor.

  Ein Beispiel: Herr K. ist auf Grund seines wiederholten autoritären Verhaltens nicht geeignet, Projektleiter zu sein. Beim letzten Projekt hat er einige Mitarbeiter auf übelste Art und Weise schikaniert. Nachdem ein Teammitglied seinem Chef mitgeteilt hatte, dass eine gemeinsame Arbeit mit Herrn K. schwierig gewesen sei und bemerkte, dass für dieses Projekt ein ganz besonders teamorientierter Manager notwendig wäre, beendete er das Gespräch in einer positiven Art, indem er auf eine interessante Idee von Herrn K. hinweist.
- Lassen Sie sich nicht von Regeln und arroganten Personen einschüchtern, wenn es um ein wichtiges Anliegen geht. Versuchen Sie, ohne „flehentliches" Bitten ganz ruhig und bestimmt auf die Dringlichkeit hinzuweisen und darauf, wie dankbar Sie wären, wenn derjenige Ihnen entgegenkommen würde (auch wenn dieses vielleicht in der Situation selbstverständlich sein müsste). Bleiben Sie in jedem Falle höflich, aber entschlossen, falls erforderlich unerbittlich, aber werden Sie nicht ärgerlich oder wütend.

Keinen negativen Nachgeschmack zulassen

Sich nicht von Regeln und arroganten Personen einschüchtern lassen

4. Positive Worte haben Flügel

Instabiles Verhalten kann zu Kettenreaktionen führen

Jeder Mensch wird irgendwann in seinem Leben trotz seiner Stärke Schicksalsschläge erleben, die ihn aus seiner inneren Ruhe reißen und zu einem unausgeglichenen Verhalten verleiten können. Weil in einem Unternehmen der Erfolg von den erbrachten Leistungen jedes Einzelnen abhängt, kann auch eine vorübergehende Fehlbalance eines einzelnen Mitarbeiters zu erheblichen Leistungseinbußen beitragen. Alles, was in einem Unternehmen Instabilität erzeugt, kann Furcht vor Misserfolgen hervorrufen, und diese Angst zeigt sich in instabilem Verhalten, das unter Umständen eine Kettenreaktion auslöst.

Achtung: Es besteht die Gefahr, in einer seelisch geschwächten Situation zu freigebig mit unseren Worten zu sein, so dass wir in unserer Empfindlichkeit und Verletzlichkeit unüberlegt dem falschen Menschen unser Herz ausschütten. Dieses kann unsere bereits schwierige Situation verschärfen und uns zu negativen Gesprächen verleiten.

Zu viel gesagt?

Beispiel:

- Nach der Trennung von ihrem Lebensgefährten hat Frau U. einen Nervenzusammenbruch. Trotz aller Versuche gelingt es ihr nicht, konzentriert ihre Arbeiten zu verrichten. Ihr Chef, Herr L., bemerkt ihre Verhaltens- und Leistungsänderung. Zuerst übt er Nachsicht, doch als Frau U. einige grobe Fehler unterlaufen sind, spricht er sie an. Sie erzählt ihm in allen Einzelheiten, was zwischen ihr und ihrem Mann vorgefallen ist – wie er sie von einem Tag zum anderen rücksichtslos sitzen ließ, um nach Australien zu ziehen. Erschüttert über ihre Verzweiflung, zeigt er Anteilnahme und hätte sie sogar beinahe umarmt.
- In den darauf folgenden Wochen macht Frau U. einige schwer wiegende Fehler, die teils auf die unüberlegten und ungenauen Anweisungen des Herrn L. zurückzuführen

sind. Er beschuldigt Frau U. und ermahnt sie wütend, in Zukunft gewissenhafter zu arbeiten, sonst könne es Konsequenzen geben. Doch kurz darauf macht sie wieder ähnliche, diesmal noch folgenschwerere Fehler. Herr L., der schon immer Schwierigkeiten hatte, seine gestauten Aggressionen zu bändigen, explodiert und droht, sie zu entlassen.

- Frau U. rechtfertigt sich und verteidigt weinerlich ihre „makellose" Arbeit, die schließlich nur auf Grund seiner mangelhaften Anweisungen den tatsächlichen Erfordernissen nicht entspricht.
- Die Situation wird Tag für Tag immer schwieriger. In ihrer Not spricht Frau U. zu ihrer „vertrauten" Kollegin in der Personalabteilung über Herrn L.'s ungerechtes Verhalten und stellt sich als Opfer seiner Aggressivität und Brutalität dar. Die Kollegin verbreitet „diskret", wie untragbar es ist, mit einem Psychopathen wie Herrn L. zu arbeiten. Es entwickeln sich zwei geheime Fronten. Klatsch verbreitet sich, die Story wird verzerrt, und einige sprechen von „Belästigungen". Weder Herr L. noch Frau U. erlangen davon Kenntnis, spüren aber ein zunehmendes Unbehagen, nicht nur in der gegenseitigen Kommunikation, sondern auch in Verbindung mit den Kollegen. Das gegenseitige Misstrauen macht offene Kommunikation unmöglich.

Klatsch multipliziert sich

Um eine solche Fehlkommunikations-Barriere aufzulösen, muss Frau U. als Erstes umdenken und sich fragen, was ihr bisheriges Verhalten bewirkt hat und was sie wirklich erreichen will. Weil sie sich als Opfer erlebt, hat sie Herrn L. als den Bösen und Schuldigen kategorisiert. Sie will Mitleid erheischen, um damit unbewusst die Aufmerksamkeit auf sich zu lenken, weil sie tief in ihrem Innersten sich ihrer beruflichen Tätigkeit nicht gewachsen fühlt und sich zudem als Frau verunsichert fühlt. Ihre unüberlegten, gefühlsgeladenen Worte haben Nährstoff für üble Nachrede gegeben, die sich wie eine Rakete verbreitete und nicht nur Herrn L.'s Ruf gefährdet, sondern zu einem untragbaren Arbeitsklima geführt haben.

Wie kann ein solcher Schaden wieder behoben werden?

Sich alle positiven Eigenschaften vergegenwärtigen

Frau U. sollte sich alle positiven Eigenschaften von Herrn L. vergegenwärtigen und bewusst machen, dass sie kein Recht hat, ihn oder irgendeinen Menschen zu beurteilen. Herr L. ist ein vollkommen anderer Mensch als sie, mit anderen Erlebnissen und Prägungen, die ihn anders reagieren lassen. Wichtig ist, zu erkennen, was sie selbst aus dieser Situation menschlich sowie beruflich lernen kann. Herr L. ist nicht ihr Feind, sondern bietet eine hervorragende Chance für ihre Weiterentwicklung.

Eine Umpolung negativer Worte ist meistens noch möglich

Gesprochene Worte können niemals wieder zurückgenommen werden, doch eine Umpolung ist in diesem Fall noch möglich. Frau U. sollte jetzt bei jeder guten Gelegenheit ganz bewusst ihren Kollegen etwas Positives über Herrn L. sagen. Dadurch unterbricht sie das negative Muster und kann eine Verschlimmerung der Situation verhindern. Es wäre das Beste, ihm trotz der innerlich erlebten Verletzungen zu verzeihen, dann würde Herr L. auch ohne Worte eine Änderung ihrer inneren Haltung spüren. Dadurch befreit sich Frau U. von negativen Gedanken, die sie an Herrn L. binden. Sie kann den Schaden des Klatsches nur wieder gutmachen, indem sie ihre negativen Worte mit positiven Worten ausgleicht.

Eigenständig und verantwortlich

Dieses ist dringend erforderlich, weil ihre Verbitterung – die sie dazu brachte, Herrn L. herabzuwürdigen – Kollegen mit ähnlich negativer mentaler Beschaffenheit in ihren Wirkungskreis angezogen hat, so dass ihr negatives Kraftfeld sich noch mehr verstärkte. Der anscheinend „wohltuende" Beistand hat ihre Neigung, Verantwortung von sich zu weisen, noch verstärkt, so dass ihre Arbeit nur noch zur Pflichtübung geworden ist und sie ihre eigentlichen Fähigkeiten nicht ausschöpft. Schwach und passiv, führt sie „Befehle" gewissenhaft aus, ohne selbst zu denken.

Herr L. würdigt ihre Arbeit nicht und ärgert sich über ihre Fehler, die ein Spiegel seiner eigenen Unzulänglichkeiten sind. Würde sie sich eigenständig und verantwortlich verhalten und seine Fehler stillschweigend auszugleichen versuchen, könnte er sie schon nach kurzer Zeit hochschätzen.

Ohne Herrn L. zu schmeicheln, könnte Frau U. mit gerechtem Lob und Anerkennung seine Aggressivität mildern, denn sie ist nichts weiter als Ausdruck einer verdrängten Angst vor Versagen. Diese Angst erzeugt Unsicherheit, die zu seinem dominanten Verhalten führt. Ihre Rechtfertigungen und Vorwürfe säen keine positiven Reaktionen. Gelegentliche, wohl dosierte Komplimente können wie eine Salbe auf Verletzungen wirken und eine gute Atmosphäre verbreiten.

Erfolgs-Tipp:

Wenn Sie mit jemandem ins Gespräch kommen, denken Sie nach und betrachten Sie die Gesamtsituation, bevor Sie sprechen. Sonst können Sie auch unbeabsichtigt sehr viel Leid und Unannehmlichkeiten hervorrufen.

Die Gesamtsituation betrachten, bevor wir sprechen

5. Die Kunst, sich richtig auszudrücken

Bevor wir zu sprechen beginnen und uns unserem Wortfluss überlassen, sollten wir überlegen, wie wir das, was wir sagen wollen, in der besten Art und Weise ausdrücken können. Dieselbe Information kann, je nachdem, wie wir sie vermitteln, vollkommen unterschiedlich aufgenommen werden.

Wie wichtig dies ist, können wir am besten durch folgende Geschichte aus dem alten Orient erkennen:

Negatives zum Positiven wandeln

Beispiel:

- Ein berühmter Khalif der damaligen Zeit träumte eines Nachts, dass ihm alle Zähne ausgefallen seien. Am nächsten Morgen rief er seinen Traumdeuter und fragte ihn nach einer Erklärung. Der Mann sagte ihm, sein Traum bedeute, dass alle seine Verwandten vor ihm sterben würden und dass er ganz alleine und verlassen bis zu seinem Lebensende sein würde. Der Khalif war wegen der schlimmen Ankündigung sehr beunruhigt. Weil der Traumdeuter ihn in Sorgen gestürzt und seinen Seelenfrieden gestört hatte, ließ er ihn enthaupten.
- In der darauf folgenden Nacht hatte er den gleichen Traum noch einmal und entschloss sich, einen anderen Traumdeuter zu befragen. Dieser erschien am nächsten Morgen am Hofe des Khalifen, hörte den Traum an und kam zum gleichen Schluss, aber er sagte ihm: „Ihr seid ein sehr glücklicher Mann, in einer sehr guten Lage, denn Ihr werdet frei von allen weltlichen Bindungen sein. Alle Eure Verwandten, die bis zu ihrem Ableben Eure liebevolle Fürsorge genießen, werden aus Eurer Obhut entlassen, und Ihr werdet alle überleben! Ihr werdet keine Verantwortungen haben, die Euch an diese Welt binden, und Ihr werdet zum ersten Mal frei und froh sein!" Über diese Deutung war der Khalif nun so erfreut, dass er beschloss, ihn reichlich zu belohnen. Er schenkte ihm ein Ehrengewand und einen Beutel mit Gold.

Die gleiche Grundaussage kann vollkommen anders ausgelegt werden. Es ist nicht dasselbe, wenn wir sagen: „Du hast mich betrogen" und „Versuchen Sie mir ganz aufrichtig zu erklären, was wirklich passiert ist." Derselbe Sachverhalt wird mitgeteilt, doch mit dem Wort „betrogen" bleibt tief im Unterbewusstsein ein Geschmack des Negativen, der dem Angegriffenen einen weiteren Schritt in die Unwahrheit erleichtert. Verwenden wir das Wort „Betrüger", könnten wir selbst, dadurch, dass wir unser Augenmerk auf unangenehme Ereignisse richten, uns damit gedanklich verbinden, so dass wir in der Zukunft eher wieder betrogen werden oder eventuell uns sogar berechtigt fühlen, selbst zu betrügen.

6. Konstruktive Kritik

Besserwisserei

Es gibt Manager, die stolz auf ihr scharfes Kritikvermögen sind. Sie lassen sich keine Gelegenheit entgehen, Politiker und wichtige Personen des öffentlichen Lebens zu kritisieren, und in ihrer naiven Selbstgefälligkeit meinen sie, selbst alles besser zu wissen. Wären sie in dieser oder jener Position gewesen, dann aber ...! Obwohl sie den Gesamtzusammenhang nicht verstehen und unbewusst natürlich auch nicht verstehen wollen, erlauben sie es dennoch, alles nach ihrer Sicht zu beurteilen. Sie betonen, wie vollkommen unverständlich es sei, dass der andere sich „so und so" verhalten habe. Sie würden dieses niemals tun! Es ist ihnen nicht klar, dass ihre abfälligen Gedanken und Worte genau zu der Verbreitung der Ideen beitragen, die sie kritisieren. Denn wenn sie ihre Aufmerksamkeit auf etwas Negatives lange genug richten, beginnt es Wirklichkeit zu werden. Deshalb ist es sinnvoll, genau das Gegenteil in unserem Bewusstsein zu aktivieren und auch bei der Klärung von negativen Sachverhalten und Situationen positive Worte zu finden.

Nicht schlecht über andere reden

Wenn Sie einen Mitarbeiter haben, der mangelhafte Leistung aufweist, und Sie beginnen, ihn täglich daraufhin anzusprechen und zu kritisieren, werden Sie nichts gewinnen. Sobald Sie einen positiven Aspekt hervorheben: „Mit Ihrer Begabung sind Sie zu viel besseren Leistungen fähig!", wird Ihr Handeln wirkungsvoll sein. Vor allem, wenn anderen Kollegen die negative Kritik zu Ohren kommt und sie nun auch über diese Person verächtlich sprechen, fällt das Negative letztlich auf denjenigen zurück, der die Kritik äußerte. Denn andere negativ gepolte Menschen, die sich an Klatsch und unehrenhaften Dingen erfreuen, werden sich zum Kritiker gesellen. Diese Kontakte bringen keinen Nutzen, sondern bergen eine Gefahr in sich. Man spricht nämlich nicht nur über die unschönen Seiten der anderen, sondern auch Ihre Schwächen werden durch den Wolf gedreht, dessen können Sie sicher sein. Deshalb sollten Sie sich von der Gewohnheit, schlecht über andere zu reden, energisch distanzieren.

Den Funken Wahrheit in der Kritik finden

Werden Sie scharf kritisiert, können Sie darin sogar einen Vorteil erkennen. Sie sollten diesen Menschen gegenüber besonders aufmerksam und freundlich sein, und in dem Funken Wahrheit, der in einer solchen Kritik meistens zu finden ist, eine Anregung zur Weiterentwicklung erkennen.

Szene:

Eine alte indische Geschichte illustriert die Gefahr von negativen Worten und Handlungen:

Ein großzügiger König hatte es sich zur Pflicht gemacht, armen Menschen sehr viel Gutes zukommen zu lassen. Eines Tages ging der König, nachdem er bereits die tägliche Lebensmittelration an die Armen hatte verteilen lassen, in seinen Pferdestall, um sich um sein Lieblingspferd zu kümmern. Er stellte fest, dass der Stallknecht seinen Aufgaben nachlässig nachgegangen war. Er schimpfte diesen in ungezügelter Sprache aus und wandte sich schlecht gelaunt von seinem Pferd ab.

Da trat ein Mann in den Stall, sagte, er sei hungrig und bat ihn um Nahrung. Der König wurde wütend und wies darauf hin, dass er bereits genügend Lebensmittel hatte verteilen lassen. In einem Wutausbruch warf er dem Mann Pferdeäpfel zu mit den Worten: „Nimm dies und entferne dich!"

Der andere strahlte ihn an und erwiderte: „Ich danke Euch, und möge Eure Nächstenliebe weiter zum Wohle aller dienen."

Als der König am nächsten Morgen in seinem Rosengarten spazieren ging, um sich dort auf seiner Bank niederzulassen, sah er einen großen Haufen Pferdeäpfel davor liegen. Der Mann vom vorherigen Tag trat hinter der Mauer hervor und sagte: „Eure Nächstenliebe hat bereits Früchte getragen! Ihr habt mir nur wenig zu essen gegeben, und heute erhaltet Ihr schon so viel mehr dafür. Ihr dürft den ganzen Haufen nun alleine essen!" Der König wurde bleich, erkannte seinen Fehler und fragte den Fremden: „Was kann ich tun?" „Jedes Wort bewirkt eine Reaktion, und diese vervielfältigt sich. Nun müsst Ihr alles aufessen."

Der König war sichtlich erschüttert, und der Mann lächelte ihn verständnisvoll an. „Verhaltet Euch so, dass die Einwohner des Königreiches über Euch lästern. Dann teilen die anderen Euer Schicksal."

Der König begab sich in seine Kutsche und fuhr zum Marktplatz. Dort näherte er sich Frauen in unziemlicher Weise. Die Menschen waren erschüttert und flüsterten über ihn und zogen über ihn her, obwohl ihnen bekannt war, was für ein guter Mensch er vorher gewesen war. Als der König zu seinem Schloss zurückkehrte, stellte er fest, dass nur noch wenige Pferdeäpfel übrig waren. Der geheimnisvolle Mann saß auf der Bank in seinem Rosengarten. „Ein wenig ist für Euch geblieben. Wollt Ihr den Rest essen oder verschwinden lassen?" Der König erwiderte, er wolle den Rest sofort verschwinden lassen. Der Mann erklärte: „Es gibt einen Heiligen in Eurer Stadt. Wenn Ihr erreicht, dass er über Euch Schlechtes verbreitet, wird auch dieser kleine Haufen verschwinden!"

Der König entschloss sich, als einfacher Mann verkleidet, den Heiligen zu besuchen. Dieser empfing ihn. Nach ungefähr zwanzig Minuten begann er dem Heiligen Fragen zu stellen: „Was sagt ihr zu dem üblen Verhalten unseres Königs? Er hat sich mit Frauen herumgetrieben!" Der Heilige schwieg und begann, sich mit dem König über ein anderes Thema zu unterhalten. Der König, nun mehr und mehr entspannt, versuchte nochmals, das Gespräch anzuregen: „Der König ist bestimmt ein Verbrecher ... Es ist Eure Pflicht, ihn zur Raison zu rufen. Unternehmt doch etwas! Für was seid Ihr ein Heiliger?"

Der heilige Mann erteilte dem König eine Ohrfeige: „Gehe. Ich bin nicht bereit, die Pferdeäpfel zu essen, die du für mich bereits vorgesehen hast!" Der König verließ den Heiligen mit der Erkenntnis, dass er, nur er allein, die Konsequenzen seiner Worte und Handlungen austragen muss.

Auf unsere Worte und Handlungen achten

In dieser Geschichte wird uns deutlich gezeigt, dass ein gutmütiger Mensch schnell in die Falle geraten kann, negative Kritik zu äußern. Es ist sogar für Menschen von großer Spiritualität schwer, üble Rede zu vermeiden, weil jeder vom „Ich-Kult" getroffen ist. In unserer Anstrengung, Recht haben zu wollen, werden wir spröde und unnachgiebig. Sobald wir erkennen, dass eine positive, transformatorische Kraft durch uns strömt, die ein Kraftfeld erzeugt, das nicht nur den anderen, sondern auch uns gut tut, wird deutlich, wie wichtig es ist, auf unsere Worte und Handlungen zu achten.

11

Souverän verhandeln

Souverän verhandeln

1. Die mentale und körperliche Haltung 198

2. Die innere Angst besiegen 199

1. Die mentale und körperliche Haltung

Die Körperhaltung beeinflusst die emotionale Stimmung

Die Persönlichkeitsstruktur, Position, der Status des Verhandlungspartners sowie seine kulturelle und sprachliche Prägung, Ausstrahlung und Erfahrung wirken sich auf unsere Bereitschaft zur Offenheit und zu gegenseitigem Vertrauen aus. Jedoch noch viel entscheidender ist unsere Körperhaltung, denn sie beeinflusst nicht nur, wie wir atmen und sprechen, sondern ist Ausdruck unserer inneren Verfassung und auch unserer „Standhaftigkeit". Unsere mentale und körperliche Haltung beeinflusst unsere emotionale Stimmung und beeinträchtigt unsere Fähigkeit, auf einen anderen Menschen einzuwirken. Ruhen wir in unserer Mitte, kann Kraft aus diesem Energiezentrum strömen und die Überzeugungskraft unserer Sprache unterstützen.

Optimale Verhandlungen verlangen die Wahrnehmung und bewusste Steuerung der Gedanken, der Worte und der nonverbalen Kommunikation.

Überflüssige, hektische Bewegungen vergeuden Energie und weisen auf einen unruhigen, unkontrollierten Geist hin. Eine gebeugte Haltung vermittelt weder Zuversicht noch Mut und veranlasst unser Gegenüber, trotz unserer scheinbar selbstsicheren Worte auf einen mangelnden Selbstwert zu schließen. Hölzerne, abgehackte Bewegungen und ein steifes Rückgrat drücken meist mangelnde Flexibilität und starres Denken aus.

Positiv präsent sein

Wir sind in unserer eigenen Stärke verankert, wenn wir aufrecht, ruhig und entspannt sitzen oder stehen. Unser Gegenüber wird sich, noch bevor das erste Wort überhaupt gesprochen wird, der Kraft einer positiven Präsenz bewusst.

Unsere Konzentrationsfähigkeit steigert sich, wenn unser Blick – ohne zu starren – auf unser Gesprächsgegenüber gerichtet bleibt. Das zeigt unser Interesse und versetzt den Gesprächspartner in eine anregende Stimmung.

Bestleistung in der Verhandlung erzielen wir am ehesten, wenn wir uns bereits alle Optionen und Eventualitäten im Vorfeld vor Augen geführt haben. Dabei ist es wichtig, uns nicht mit den „Standard"-Optionen, die wir mit unseren Kollegen besprochen haben, zufrieden zu geben, sondern zu versuchen, weitere Perspektiven zu entdecken. Dies verhindert, dass wir bei überraschenden Änderungen unflexibel reagieren. Entscheidend für unseren Erfolg in der Verhandlung ist: Nichts zu sehr zu wollen. Sobald wir zeigen, wie sehr wir etwas wollen, hat unser Gesprächspartner die Trümpfe in der Hand. Unser Ziel vor Augen, heißt es, entspannt zu bleiben und während der Verhandlung vollkommen loszulassen. So können wir unsere ganze Aufmerksamkeit auf den momentanen Ablauf richten, ohne von Ängsten abgelenkt zu werden.

Nichts zu sehr wollen

Erfolgs-Tipp:

Es ist sinnvoll, einige Minuten mit freundlichem „Smalltalk" zu verbringen, ohne jedoch über belanglose oder unwichtige Dinge zu sprechen. Smalltalk ist ein exzellentes Stimmungsbarometer, das uns erlaubt, das Ausmaß der Sympathie unseres Gegenübers zu erspüren.

Die Gemeinsamkeiten mit unserem Gegenüber hervorheben

Ganz egal, was gesagt wird, wir sollten positiv und zuversichtlich bleiben, denn eine „bejahende" Ausgangsbasis macht es erheblich leichter, schließlich zu einer Übereinstimmung zu gelangen. Deshalb sollten wir Gemeinsamkeiten mit unserem Gegenüber hervorheben und uns davor hüten, in eine „Ich-habe-Recht"-Kommunikation abzugleiten.

2. Die innere Angst besiegen

Jede Verhandlung ist eine Übung

Bei Verhandlungen ist es wichtig, niemals unbewusst zu signalisieren, dass wir um jeden Preis an einem Abschluss interessiert sind. Dadurch werden wir abhängig, erwecken in uns Verlustängste und mindern somit unsere Erfolgschancen. Jede Verhandlung bietet uns ein Übungsfeld, das uns herausfordert, besser mit unserer Angst umgehen zu lernen. Angst führt zu einer „atmosphärischen" Störung, die uns von den Verhandlungs-Prioritäten ablenkt. Vor allem Verhandlungsteams müssen eine Ober- und Untergrenze festlegen, weil es sonst zu folgenschweren Irrtümern in der Kommunikation kommen kann. Die Ursache für eine schlechte Verhandlung kann in einem zu breit gefächerten Verhandlungsspielraum liegen. Spannungen führen dazu, dass einer der Verhandlungspartner im Team sich „verspricht" und die Diskrepanz zwischen dem erstrebten Ziel und dem Vorschlag viel zu groß wird.

Wenn Probleme unlösbar erscheinen, neigen wir aus Angst und Ungeduld zu Kurzschlusshandlungen. Wir hören nicht mehr aktiv zu. So kann es passieren, dass kurz vor einem positiven Abschluss die Angst eines Mitglieds des Verhandlungsteams alles ins Schwanken bringt und aufs Spiel setzt.

Beispiel:

- Ein internationales Unternehmen (A) hat seit zwei Jahren mit einem der größten Dienstleistungsanbieter (B) Verhandlungen geführt. Das Verhandlungsteam (A) besteht aus fünf Personen, die meinten, sich gut abgesprochen zu haben.
- Team A hatte gemeinsam die Verhandlungsprioritäten und eine neue Untergrenze festgelegt. Im Hinblick auf den Kostenpunkt soll nicht allzu weit von der letzten Forderung abgewichen werden. Herr N. im Team A hat inzwischen mit einem ausländischen Kollegen der Tochtergesellschaft über die bisher schwierigen Verhandlungen Rücksprache gehalten. Dieser hat ihn darauf hingewiesen, dass die Verhandlung auf dieser Kalkulationsbasis zum Scheitern verurteilt sei, weil die Konkurrenz ein wesentlich niedrigeres Angebot gemacht habe. Er solle sich der Herausforderung stellen und gegebenenfalls den Preis senken. Die anderen Teammitglieder (A) würden die große Bedeutung seiner Entscheidung schon verstehen.

- Bereits zu Beginn der Verhandlung hat die andere Partei (B) die Oberhand. Der Verhandlungs-„Star" auf der anderen Seite (B) stellt eine Frage nach der anderen, bis alles in der Schwebe zu hängen scheint. Nachdem sich die unangenehme Situation immer mehr zuspitzt, erinnert sich Herr N. (A) an die Worte seines ausländischen Kollegen und ist überzeugt, dass seine Preisforderung überzogen sei. Von Panik überwältigt, entschließt er sich, sich nicht an die gemeinsam entwickelten Strategien zu halten.
- Zunehmend durch das brüskierende Verhalten des anderen Verhandlungsteams (B) verunsichert, schätzt er die Haltung der anderen Seite (B) falsch ein. Er stellt sich selbstgefällig in den Mittelpunkt und ergreift das Wort. Ohne seinen Kollegen auch nur einen Wink zu geben, bietet er eine Preisermäßigung an, die unter der vereinbarten „Untergrenze" liegt. Seine Kollegen, die er übergangen hat, tauschen kritische Blicke aus, doch niemand wagt, auch nur ein Wort zu sagen, da sie die Ausweglosigkeit der Situation spüren. Aber auf Grund ihrer Angst zu versagen, sind sie zu blockiert, um eine Lösung zu finden.
- Wegen der Preisdiskrepanz zwischen diesem Angebot und den Angeboten der letzten zwei Jahre ist das Verhandlungsgegenüber (B) verunsichert und davon überzeugt, bisher in eine düstere Falle gelockt worden zu sein. Das Vertrauen ist angeknackst, die Verhandlung wird abgebrochen. Zum erhofften Abschluss kommt es nicht.

Tatsächlich hatte sich das Team des Verhandlungsgegenübers (B) inzwischen von den Vorteilen des Angebots überzeugt und alle Alternativangebote genauestens überprüft. Man wollte eigentlich zustimmen. Durch die Preissenkung aber wurde das langsam aufgebaute Vertrauen zerstört. Ein kurzes „Time out" mit kurzer „Teamkonferenz" hätte diese Situation gerettet.

Ein kurzes „Time out" kann eine Situation retten

Erfolgs-Tipp:

Wir sollten sorgsam zuhören und alle Gedanken, die uns vom Zuhören ablenken, aus unserem Bewusstsein verbannen. Bevor wir sprechen, müssen wir uns ganz sicher sein, dass wir die Situation objektiv erfasst haben. Dies ist nicht möglich, wenn wir Angst haben, denn Angst verhindert eine gefühlsmäßige Verbindung zu unserem Gegenüber. Fehlt diese Einfühlung, kommt es leicht zu Fehlinterpretationen der Situation. Das „positive" Entgegenkommen (vom Team A) wird anders ausgelegt und bisherige Verhandlungen als Täuschungsstrategien verstanden.

Dieses Beispiel zeigt, dass vor allem die Persönlichkeit und Selbstsicherheit des Verhandlungspartners von entscheidender Wichtigkeit ist, denn sie bestimmt die Klarheit der Sicht.

Stets aufmerksam sein

Die innere Aufmerksamkeit erlaubt uns, die nonverbale Kommunikation unseres Gegenübers zu erkennen. Trotz des Zeitrahmens und der räumlichen Verhältnisse müssen wir das „Gespür", die Stimmung und gefühlsmäßige Tendenz des Gegenübers erraten, wobei alle nonverbalen Signale das Gesamtbild ergänzen.

Was ist zu tun?

Im Moment ist keiner wichtiger

- Wenn wir spüren, dass unser Verhandlungspartner mit einem eisernen Willen seine Vorstellungen vertritt, sollten wir ihm nicht pausenlos in die Augen schauen, sondern stattdessen kurz wegsehen und bei einem erneuten Augenkontakt unsere Aufmerksamkeit nur auf ein Auge unseres Gegenübers richten.

Dadurch verhindern wir einen Kraftverlust.

- Dann sollten wir uns darauf konzentrieren, gut formulierte Fragen zu stellen und selbst wenig zu sagen, bis der Standpunkt des anderen klar ist.

Der Gesprächspartner fühlt sich dann ernst genommen.

- Wir sollten uns so verhalten, als ob es im Moment keinen wichtigeren Menschen gäbe als unseren Gesprächspartner, und in unserem Verhalten zum Ausdruck bringen, dass wir seine Gefühle respektieren.

Dieses einfühlende Verstehen erlaubt eine effektive Interaktion, und wir lassen uns nicht von Sympathie und Antipathie unserem Verhandlungspartner gegenüber dominieren. Wir halten objektive Distanz, aber versuchen, dem Verhandlungspartner von Herzen zugetan zu sein. Unser Augenmerk auf den Verhandlungsgegenstand gerichtet, behandeln wir ihn so, als sei er unser wichtigster Stammkunde.

Überzeugende Kommunikation

12

Zauberworte

1. Einige kulturelle Unterschiede 206

2. Aspekte der Sprache und die Globalisierung 208

3. „Be the First" 209

4. Power Words 214

1. Einige kulturelle Unterschiede

Sprache ist keineswegs nur eine einseitige Reaktion auf die Außenwelt. Eine scheinbar einfache Äußerung oder Feststellung kann vielschichtige Assoziationen des Sprechers beinhalten, die eigenen Erfahrungen und Erlebnisse, die man im Laufe seines Lebens gemacht hat, widerspiegeln. Worte werden daher nicht rein rational verstanden, denn das emotional und erfahrungsgeprägte Gesamtbild ist individuell und selbstverständlich auch kulturell unterschiedlich.

Mehrdimensionale Denkperspektiven vermitteln

Durch Sprache können wir eine mehrdimensionale Denkperspektive vermitteln. Bilder und Vorstellungen unseres Geistes erzeugen ein imaginäres Areal, das mitunter von unseren kulturellen Prägungen abhängt.

Die Geschichte vom Nikolaus

Der Begriff „Weihnachtsmann" z. B. motiviert uns zu einer Gedankenkette, die an alle möglichen, für uns mit dem Begriff verwandten Erinnerungen und Assoziationen anknüpft, je nachdem, aus welchem Kulturkreis wir kommen. „Weihnachtsmann" ist ein „Vorstellungspaket", das über viele Generationen in der westlichen Kultur vielschichtige Informationen über die sich stets wandelnde Glaubensweise vermittelt. Die meisten Menschen in Deutschland denken an Sankt Nikolaus oder auch an Knecht Ruprecht. In den USA wissen heute nur wenige, wer Santa Claus ursprünglich war. Er wird nicht als die „moderne Fassung" von Sankt Nikolaus angesehen, der im 4. Jahrhundert in Kleinasien zur Welt kam. Seine großzügige Zuwendung Kindern gegenüber ist in Vergessenheit geraten.

In den USA begann sich das äußere Vorstellungsbild vom Weihnachtsmann immer weiter von der ursprünglichen Darstellung von St. Nikolaus zu entfernen. Die Rentiere und der Schlitten ergänzten das Bild, nachdem im Jahre 1821 das Gedicht „The Night before

Christmas" von Clement C. Moore und eine Illustration über Santa Claus in New York erschienen war. Das uns heutzutage so geläufige Bild von Santa Claus mit seiner roten Kleidung und seinen acht Rentieren war geboren. Es dauerte allerdings bis etwa 1920, bis sich dieses Bild von Santa Claus fest ins allgemeine Bewusstsein eingeprägt hatte.

Der Coca-Cola-Mann

Erst nach 1930 wurde Santa Claus als Wirtschaftsfaktor verstanden und aufgegriffen. Haddon H. Sundblom, ein Illustrator von Coca-Cola, begann, fast jährlich einen neuen Santa Claus für Werbezwecke zu entwerfen. Dieser Santa Claus trug, den Coca-Cola Farben entsprechend, eine rot-weiße Ausstattung. Der bisher klein dargestellte Santa Claus bekam ein neues Image. Als der große, robuste, rot-weiß gekleidete Santa Claus prägte er sich in das Bewusstsein der amerikanischen Öffentlichkeit ein. Heute meinen viele Amerikaner, Santa Claus sei durch die Coca-Cola Werbeillustrationen überhaupt erst entstanden. Santa Claus wurde zunehmend zum Ausdruck des konsumorientierten Weihnachtsfestes. Die ursprüngliche, christliche Bedeutung trat in den Hintergrund. Coca-Cola, mit dem Image „lustig, jung, aktiv" verbunden, unterstützt den Superhelden eines symbolischen Konsumfestes.

Superheld des Konsums

In Japan kann der Begriff „Weihnachtsmann" weder die europäischen noch amerikanischen Vorstellungswelten erwecken. Santa Claus wird sogar auf Grund seiner Rentiere oft mit Lappland in Verbindung gebracht. Stattdessen ist der „Weihnachtsmann" eine fremde Idee, die eher rational erfasst wird, da sie mit der Denk- und Lebensweise Japans kaum in Verbindung steht. Stattdessen unterstützt Santa Claus – im Sinne der Coca-Cola-Werbevorstellung – auch dort ein konsumorientiertes Verständnis von Weihnachten.

Die Kulturgeschichte des „Weihnachtsmanns" zeigt, wie sehr sich Bedeutungen wandeln. Innerhalb eines spezifischen kulturellen Rahmens verändert sich das Assoziationsnetz.

2. Aspekte der Sprache und die Globalisierung

Sprachliche sowie kulturelle Unterschiede, die die Globalisierung mit sich bringt, erfordern eine neue sprachliche Sensibilität.

Die Werbung macht's vor

Hier dient die Werbung als Beispiel: Die in Amerika beliebte „Call-to-Action"-Werbemethode, die gerne „Buy this now!" durch eine Person mit hinweisendem Zeigefinger übermittelt, erzeugt in Europa meist eine „Nun-erst-recht-nicht!"-Reaktion. Die Deutschen wollen von der Nützlichkeit und Qualität überzeugt werden, die Franzosen erwarten eine „Verführung", und bei den Engländern ist Humor wichtig.

Wichtig: Im globalen Zeitalter wird das Bedürfnis nach nationaler Identität oft unterschätzt. Der Präsident eines Marktforschungsinstitutes teilte mir mit, dass ein Werbespot nur deshalb von einer Holländerin abgelehnt wurde, weil sie spürte, dass die Darstellerin keine Holländerin sei. Sie hatte einen ausgesprochen feinen Instinkt, denn die Dame im Werbespot war tatsächlich eine Belgierin.

Nationale Werbegrenzen

Auch bestimmte Worte und Vorstellungswelten aus den USA lassen sich nicht übertragen. In den USA ist das Wort „Konvenienz" marktwirksam. „Convenient"-Autos mit automatischer Schaltung sind dort beliebt. In Deutschland kann das Wort „bequem" die Vorstellung vom „bequemen Fahren" niemals erfolgreich vermitteln, da das Wort „bequem" das deutsche Männlichkeitsgefühl verletzen würde. Die Begriffswelt „einfach und bequem" steht generell nicht so im Vordergrund wie in den USA. Ein Zahnpastenspender würde z. B. in Deutschland nicht auf Grund des bequemen und einfach zu handhabenden Dispensers verkauft werden. Die Nachteile der herkömmlichen Tuben, die zerdrückt und unansehnlich werden, beeindrucken in Deutschland niemals so sehr wie das Verkaufsargument: „Mit dieser Zahnpaste können Sie sogar den Raum zwischen den Zähnen säubern!"

Die Globalisierung kann dazu führen, dass Sprache immer einheitlicher wird. Dieses steigert zwar die Möglichkeit, mit vielen Menschen zu kommunizieren, doch die Sprache verflacht. Werbung, die sich nur noch auf einen Code ausrichtet, wird letztlich zu einem „generalized nothing". Je mehr sich die europäischen Länder von der amerikanischen Sprache bestimmen und beeinflussen lassen, desto mehr leidet das Verständnis der feinen Wahrnehmungsunterschiede innerhalb der Nationen.

Sprachliche Nivellierung

Die sprachliche Nivellierung führt zu einer Gleichmacherei, zu einem kommunikativen „Leipziger Allerlei", das bewusstseinsmindernd ist.

3. „Be the First"

„Am Anfang war das Wort"

„First" ist ein Power Word das uns einen Wahrnehmungsprozess erfahren lässt. Jeder wird den Bezug zur Schöpfung leicht nachvollziehen, denn: „Am Anfang war das Wort". So ist „First" eine schöpferische Methode, die uns hilft, bei unserer Kommunikation den Ist-Zustand zu analysieren. Sie unterstützt uns auch dabei, bei jeder Interaktion unser Bewusstsein auf die Einzelheiten und zugleich das Ganze auszurichten. Die fünf Schritte, die in F.I.R.S.T. enthalten sind, können linear, aber auch gleichzeitig vollzogen werden:

F = Fokus

I = Intention

R = Relevanz

S = Strategie

T = Timing

Die Reihenfolge kann in weiteren Sequenzen einer Analysen geändert werden.

Emotionale und rationale Kriterien in Betracht ziehen

Doch nur, wenn allen Punkten entsprochen wird, ergibt sich der optimale kommunikative Erfolg. Wir müssen immer emotionale und rationale Kriterien bei einer Analyse in Betracht ziehen. Bei jeder kommunikativen Situation hilft es uns, an die Formel FIRST zu denken, um unsere momentane Vorgehensweise zu überprüfen. Ferner ist es notwendig, auch das kommunikative Verhalten unseres Gegenübers nach dem First-Modell zu studieren.

Betrachten wir die Unternehmenskommunikation, ist es empfehlenswert, jede Abteilung nach diesem Modell zu untersuchen und dann die Ergebnisse aller Abteilungen zu betrachten. Dies gibt Aufschluss über eine generelle Tendenz und weist uns darauf hin, wo Änderungen vonnöten sind. Eine bewusste Anwendung steigert unsere kommunikativen Fähigkeiten, so dass wir First, also Spitzenklasse werden können.

Man sollte sich durch die Einfachheit des Modells nicht täuschen lassen, denn es bietet vielseitige Anwendungsmöglichkeiten, die zu vielschichtigen Ergebnissen und tiefen Erkenntnissen führen können.

First: Fokus

Der Fokus stellt das Zentrale dar

Fokus kennzeichnet in Power Words eine Ausrichtung, die zum Erfolg führt. Der richtige Fokus ist der Bezugspunkt, der Ausgangspunkt oder die Positionierung einer Sache, Person oder Situation, die sich am besten eignet, ein klares und definiertes Bild zu vermitteln. Der Fokus stellt das Zentrale dar. Fokussieren ist nichts anderes als scharfstellen.

In der Fotografie ist der Fokus der Brennpunkt. Wir müssen auswählen, was wir klar bestimmen wollen. Bei einem weiten Blick mit zehn Bäumen kann ich beispielsweise durch eine Verkleinerung des Bildumfanges einen Baum in einem Bildausschnitt heranholen. Das Herangezoomte ist klarer. Das Zoomobjektiv einer Kamera verändert den Ausschnitt; entsprechend kann auch die Sichtweise des Betrachtenden das Blickfeld verengen oder erweitern. Der Brennpunkt ist entscheidend in der Fotografie, weil er das zu fotografierende Objekt scharf auf der Filmebene abbildet. Im übertragenen Sinne heißt das, den Ausschnitt des Wahrnehmungsbildes klar definieren zu können. Der Ausgangspunkt oder die Ausgangsposition des Wahrnehmenden bleibt jedoch unverändert.

Die veränderten Ausschnitte mit Zoom erlauben die Wahl verschiedener Perspektiven, die das anvisierte Ziel und die Umstände in der Kommunikation genauer bestimmen lassen.

Den Ausschnitt des Wahrnehmungsbildes klar definieren

First: Intention

Bei einem weiten Blick wird uns das Spektrum verschiedener Optionen bewusst. Unsere Ausgangsposition, d. h. die des Wahrnehmenden, bleibt vorerst unverändert, doch erkennen wir die Intention und unsere innewohnende Absicht, können wir unsere Ausgangsposition im Einklang mit der Situation erleben. Offenheit lässt uns mit den Dingen fließen. Wenn wir ein rundes Glas anschauen, fühlen wir das Rundsein, betrachten wir eine eckige Schale, empfinden wir das „Eckige".

Unsere Ausgangsposition im Einklang mit der Situation erleben

Diese scheinbare Anpassungsfähigkeit lässt uns mit den Dingen denken. Wir können den Standpunkt des anderen einnehmen. Wie würde z. B. das Ding gerne fotografiert werden? Was ist hier möglich? Aktives Zuhören lässt uns ein stimmiges, harmonisches Bild der Situation erlangen. Wir erleben uns als Teil des Ganzen.

Erfolgs-Tipp:

- Während Sie sprechen, hören Sie sich selbst zu und fragen Sie sich, wie Sie das, was Sie kommunizieren, und die Art des Gespräches wahrnehmen würden.
- Wir können uns erst dann für unsere eigenen Ideen und Meinungen richtig einsetzen, wenn wir uns unserer eigentlichen Absicht (Intention) bewusst sind. Die Intention weist uns auf das wirkliche Ziel hin. Ein klares Ziel schützt uns davor, in unserer Kommunikation sprachlich konditionierte Reaktionsmuster zu verwenden.

Übung:

- Stellen Sie sich einmal vor, Sie hätten Ihr Ziel erreicht. Welche neuen Umstände kämen auf Sie zu? Welches Gefühl löst dieses Vorstellungsbild in Ihnen aus?

First: Relevanz

Das Ziel sollte sinnvoll und nützlich sein

Das Ziel sollte sinnvoll und nützlich sein. Relevanz bezieht sich hier auf eine emotionale und verstandesmäßige Balance, die notwendig ist, da wir sonst an der Intention (Ziel/Zweck) vorbeigehen. Schauen wir auf unseren Fokus im Hinblick auf unsere anfängliche Absicht (Intention) und wechseln wir zwischen Großbild- und Ausschnittsichten, findet eine aktive Vertiefung statt. Eventuell werden wir unsere anfängliche Absicht (Intention) auf Grund der verschiedenen Perspektiven und erlebten Erkenntnisse differenzierter wahrnehmen. Dies verlangt Urteilsvermögen.

First: Strategie

Gute Planung

Strategie bezieht sich auf gute Planung. Das Wort leitet sich aus dem Griechischen ab und bedeutet „der Befehl des Generals". Es ist die Kunst, größere Abläufe zu durchdenken und langfristige Planung zu erarbeiten. Al Ries betont in „Die Strategie der Stärke": „Ein General käme ja nicht auf die Idee, seine Armee in Gruppen von zehn Leuten aufzuteilen und jede Gruppe aufzufordern, eine Strategie für die Truppe zu entwickeln. Manager dagegen verfahren häufig so."[36] Verworrene Konzepte führen zum Misserfolg, denn keiner kann einer Strategie ohne Fokus folgen. Trotzdem ist die Strategie stets in einem Bewegungsprozess. Je perfekter sie sich der jeweiligen Situation anpasst, desto schneller und leichter wird das Ziel verwirklicht.

Stets in Bewegung

Die Strategie kann nicht nur auf Zahlen ausgerichtet werden, denn wie Al Ries erklärt, gleicht die Wirtschaft auf einer höheren, strategischen Ebene einem Kampf der Konzepte, nicht der Zahlen.

Erfolgs-Tipp:

Prüfen Sie zwar stets die Jetzt-Finanzsituation, doch verharren Sie in dieser Wirklichkeitsüberprüfung nicht. Bestimmen Sie, welche vergangenen Gedankengänge das Erreichen des Ziels behindert haben. Stellen Sie Ihre mentale Kamera wieder auf Zoom ein, und prüfen Sie Ihren Fokus. Keiner kann einer Strategie ohne Fokus folgen.

First: Timing

Exzellentes Timing

Sich nach dem für uns als besten erkannten Fokus auszurichten, ist ein dynamischer Prozess. Worauf sollten wir uns konzentrieren, um das Optimum der Zukunft zu erreichen? Exzellentes Timing ist ein wesentlicher Erfolgsfaktor.

Übung:

- Stellen Sie sich folgende Fragen

  Sind die Ideen, die Sie kommunizieren, zu diesem Zeitpunkt relevant?

  Gibt es persönliche Faktoren, die auf einen anderen Zeitpunkt hinweisen?

  Was wäre die Konsequenz, wenn Sie jemand anderen zu einem anderen Zeitpunkt sprechen?

  In welchen Zeitrahmen soll das Ziel implementiert werden?

Erfolgs-Tipp:

Auch wenn der Zeitrahmen eng ist, lassen Sie sich Zeit! Hektik lässt keine positive Kommunikation zu.

4. Power Words

Die innere psychische Energie, die alles durchströmt

„Am Anfang war das Wort." Das Wort wird in fast allen Heiligen Schriften der Welt mit der Schöpfung in der einen oder anderen Art in Verbindung gebracht. FIRST ist der Anfang der Kraft, die Quelle der Energie unseres Universums. Es ist die innere psychische Energie, die alles durchströmt.

Mit der handelnden Kraft des Universums eins werden

Sie steht uns immer zur Verfügung, doch wir machen von dieser Kraft nur allzu selten Gebrauch. Wir müssen uns erst von unseren Konditionierungen befreien, bevor wir einen Zugang zu diesen enormen Energiefeldern bekommen. Diese Kraft ist immer vorhanden, nur müssen wir bereit sein, ihrer teilhaftig zu werden. Wenn wir glauben, aus unserem Ich heraus zur größten Kraft gelangen zu können, werden wir bald unsere Grenzen entdecken. Wir können erfolgreich sein, aber innerlich unerfüllt. Der innere Einklang mit uns selbst ist nur möglich, wenn wir eins werden mit der handelnden Kraft des Universums, mit der schöpferischen Energie, die am Anfang war und FIRST ist.

Alles im Universum ist Energie

Verstehen wir die Wirkungsweise unserer Seele, werden wir nicht mehr von emotionalen Schwankungen und von rationalen Einseitigkeiten fehlgeleitet. Die moderne Wissenschaft lässt uns verstehen, dass alles im Universum Energie ist. Fritjof Capra weist darauf hin, dass das Individuum mit seiner Vorstellung des Ich-Selbst nicht im Einklang mit den neuesten Forschungsergebnissen ist: „Die buddhistische Lehre der Unbeständigkeit schließt auch die Vorstellung ein, dass es kein Selbst gibt – kein beständiges Subjekt unserer unterschiedlichen Erfahrungen. Sie behauptet, dass die Idee eines getrennten, individuellen Selbst eine Illusion sei, nur eine weitere Form von maya, ein intellektueller Begriff, dem keine Wirklichkeit entspricht ... Die Kognitionswissenschaft vertritt genau dieselbe Position."[37)]

Wir sind alle miteinander verbunden

Wir sind alle miteinander verbunden, obwohl wir durch unsere archaischen und individuellen Prägungen so unterschiedlich sind. Wir sind miteinander verwoben und mit einer scheinbar von uns getrennten göttlichen Kraft vereint. Wir können diese Kraft nennen, wie wir wollen: unser höheres Selbst, die universelle Energie, Gott, es spielt keine Rolle. Wichtig ist, dass wir erfahren, dass wir mit dieser Kraft vernetzt sind, dass sie uns ständig durchströmt und zu jeder Zeit verfügbar ist. Wenn wir unsere Kraft erfahren wollen, sollten wir uns von unserer „cartesianischen" Getrenntheit lösen und erkennen, dass unsere wirkliche Autonomie in der Erfahrungswelt dieser Einheit liegt.

Power Words entspringen der tiefsten Ebene der Seele

Power Words beruhen auf Logos, Pathos, Ethos. Sie vermitteln nicht nur Teilaspekte, sondern lassen die allgemein zu Grunde liegenden Prinzipien erkennen und erfahrbar werden. Sie sind transformatorische Worte, da sie der tiefsten Ebene der Seele entspringen. Unsere Intuition lässt den analytischen Verstand den richtigen Zeitpunkt, den richtigen Ort, den richtigen Menschen und die richtigen Worte erkennen. Es sind Worte, die das Unterbewusstsein berühren und die unser Gegenüber bewegen können. Sie kommen aus dem Herzen, werden mit Hilfe des Verstandes vermittelt und sind Ausdruck einer uns innewohnenden Kraft.

Erfolgs-Tipp:

Um unsere Sprache zu verändern, müssen wir unser Bewusstsein verändern. Unser verändertes Bewusstsein führt zu einer veränderten Haltung. Diese Haltung steigert unsere Wahrnehmung.

Wir können erkennen, welche Worte in uns und bei unserem Gegenüber Konflikte auslösen und diese durch den Gebrauch der gegensätzlichen Power Words auflösen. Frei von jeglicher ideologischer Haftung, wird es uns möglich, unsere inneren Bedürfnisse und die des anderen zu erfüllen. Nachdem wir die verborgenen Wünsche und Ziele erkannt und erspürt haben, können wir mit den richtigen Worten die Blockaden sprengen und die emotionalen Hindernisse auflösen. Haben wir das Thema Herrschaft und Kapitulation und die zu Grunde liegende Angst durchschaut, wird deutlich, dass mit Power Words zu arbeiten Empowerment ist.

Wir sind in Verbindung mit unserer inneren Kraft und wir wissen, dass wir mit unseren Worten ein Geschenk machen können. Ganz gleich, was bei einer kommunikativen Interaktion mit den anderen geschieht: dieses positive Kraftfeld, das uns durchströmt, breitet sich auf alles aus und hat Bestand.

Literatur- und Quellenhinweise

1) *Polet, Sybren:* „Der kreative Faktor", Bensheim und Düsseldorf 1993
2) Ebd.
3) *Stäblein, Ruthard* (Hrsg.): „Moral, Erkundungen über einen strapazierten Begriff", Bühl-Moos 1993
4) Ebd.
5) *Maturana, Humberto:* „Bewusstsein findet nicht im Gehirn statt", Psychologie heute, H.2, Weinheim 1994
6) *Guitton, Jean/Bogdanon, Grichka und Igor:* „Gott und die Wissenschaft", München 1996
7) *Appleyard, Bryan:* „Der halbierte Mensch", München 1992
8) *Morin, Edgar:* „Kommunizierende Röhren", in Lettre International, H. 34, 1996
9) Ebd.
10) *Gebser, Jean:* Gesamtausgabe Band II, Schaffhausen 1978
11) *Sellmair, Josef:* „Trost der Weisheit", Kolmar im Elsass
12) *Popcorn, Faith:* „Clicking", München 1997
13) *Edvardson, Ragnar* in: Fasil Iskanders, „Versuch über den Menschen", in Lettre International, H. 22, 1993
14) *Khan, Hazrat Inayat:* „Das Erwachen des menschlichen Geistes", Essen 1982
15) *Wren, J. Thomas* (Hrsg.): „The Leader's Companion", New York 1995
16) *Hampden-Turner, Charles:* „Modelle des Menschen", Weinheim und Basel 1982
17) *Gebser, Jean:* Gesamtausgabe Band II, Schaffhausen 1978
18) *Eco, Umberto:* „Linqua Sancta, Babylon" in Lettre International, H. 34, 1994
19) *Heller, Agnes:* „Der Mensch der Renaissance", Frankfurt 1988
20) *Hampden-Turner:* a.a.O. (s. Anm. 12)
21) *Schatzman, Morten:* „Die Angst vor dem Vater", Hamburg 1973
22) *Meier, Marco:* „Editorial", in: du, Die Zeitschrift der Kultur, H. 8, Zürich 1995
23) *Fields, Rick:* „Chop Wood, Carry Water", Los Angeles 1984
24) Ebd.
25) Ebd.
26) *Lütge, Lothar-Rüdiger:* „Carlos Casteneda und die Lehren des Don Juan, Freiburg 1986
27) *Csikszentmihalyi, Mihaly:* „Flow, Das Geheimnis des Glücks", Stuttgart 1992
28) *Goeudevert, Daniel:* „Mit Träumen beginnt das Leben", Berlin 1999
29) *Fromm, Erich:* „Haben oder Sein", München 1979

30) *Hausner, Angela* (Hrsg.): „Denkanstöße 2000", Zürich 1999
31) *Fromm:* a.a.O. (s. Anm. 29)
32) Der Spiegel, 47/99
33) *Fromm, Erich:* „Von der Kunst des Zuhörens", Weinheim, Basel 1991
34) Ebd.
35) *Bokun, Branko:* „Die Kunst, den Tiger zu reiten", Genf, München 1989
36) *Ries, Al:* „Die Strategie der Stärke", Düsseldorf 1996
37) *Capra, Fritjof:* „Lebensnetz", München 1999

Stichwortverzeichnis

Abstammungslehre 84
Abwehrmechanismen 165
Achtung 65
Affektbetonte Worte 75
Aktivismus 29
Akzeptanz 175
Akzeptiertsein 53
Alles fließt 39
Analytischer Denkprozess 11
Angst 172
Anpassungsfähigkeit 175
Anschauung 131
Anteilnahme 63, 125
Arbeitslosigkeit 134
Arbeitsumgebung 124
Arbeitsunzufriedenheit 149
Archaisches Denkmuster 70
Aristoteles 44
Authentizität 117
Automatisierte Sprache 18
Autonomie 25
Autoritärer Vater 98
Autoritätsperson 99

Baudrillard, Jean 15
Befehlserteilung 149
Bergson, Henri 23
Besessenheit 74
Bewerbung 117
Bewusstwerdungsprozess 13
Bildersprache 75
Blick 165
Bly, Robert 92
Bohm, David 24
Buber, Martin 63
Buddhismus 140
Burnout 116
Bürokratie 18

Capra, Fritjof 25
Casteneda, Carlos 119
Charakterschwäche 171
Charakterstruktur 165, 182
Chomsky, Dr. Noam 130
Christentum im Mittelalter 74
Cicero 74
Coca-Cola 207
Computer 120
Corporate Behavior 144
Csikzentmihalyi, Mihaly 125

Dämonismus 73
Darwin, Charles 84
Das „Ich" 118
Datenvermittler 26
Day-in-the-Field 113
Delphisches Orakel 42
Denkordnung 11
Depersonalisierung 61
Depression 92
Descartes, René 80
Dialektik 42
Dienstleistungsbewusstsein 145
Dienstleistungssektor 14
Disputio 47
Dogmen 75
Du Marais 130
Dualistische Paradigmen 84
Durchschnitt 132

Eigeninitiative 28, 149
Eigenliebe 95
Eigensinn 92, 93
Einbildungen 66
Eindimensionalität 14
Einstein 10
Eitelkeit 65
Ekstase 46
Eltern 90
Emotionale Intelligenz 71
Emotionen 29
Empowerment 141
Enthierarchisierung 144
Enthusiasmus 152

Stichwortverzeichnis

Entscheidungen 167
Entscheidungsfreiheit 153
Entweder-Oder-Alternativen 44
Epikur 44
Erfahrungswelt 11
Erfolgssystem 121
Esser, Klaus 150
Ethos 57

Fairness 61
Feedback 153
Feierabend 120
Feindbild 94
Feindbild-Projektionen 94
Fernseher 120
FIRST 210, 214
Flexibilität 141
Flow 125
Fokus 209, 210
Fotografie 210
Freizeit 120
Fremdbestimmt 121
Fromm, Erich 130, 151
Frühes Kindesalter 90
Führungseigenschaft 18
Führungsstil 148
Furcht 188

Garderobe 66
Gebser, Jean 71
Gedankennetz 10
Gegeneinander 48
Gegensätze 36
Gehirnprozesse 10
Gehorsam 93
Gelassenheit 159
Gemeinschaftswesen 82
Gemütlichkeit 132
Gemütsbewegungen 75
Genauigkeit 65
Genies 73
Gibran, Khalil 118
Gleichgültigkeit 120
Gleichnis 12
Global Business 144
Globalisierte Wettbewerbsgesellschaft 29
Globalisierung 94
Glückszustand 125
Goeudevert, Daniel 125
Großzügigkeit 186
Grundeinstellung 98
Guitton, Jean 23

Harmonie 65
Harmonielehre 34
Hazrat Inayat Khan 58
Heiligenverehrung 74
Heilsbotschaft 75
Helden 39
Heller, Agnes 79
Heraklit 36, 37, 39, 41, 125
Heroenkult 74
Hobbes, Thomas 82
Höchstleistungen 140
Höflichkeit 147
Höheres Selbst 46
Homogenisierte Sprache 28
Human-Resource-Management 143
Humanität 149

Ich-Kult 15
Ichbezogenheit 121
Idealer Staat 43
Ideenlehre 44
Identitätsverlust 94
Identitätsvorbilder 126
Incentives 134
Indische Geschichte 194
Individualentwicklung 91
Individualismus 116
Induktive Methode 47
Informationszeitalter 31
Infotransparenz 116
Innenwelt 140
Innerlichkeit 29
Innovation 125
Inspiration 73
Institute for Global Ethics 60
Integratives Denken 56

Intention 209, 211
Internet 26
Intrigen 174
Intuitive Einsicht 131
Intuitive Erfahrung 106

Jesuiten 83
Johannes-Evangelium 57
Jung, C. G. 108

Kalkulation 35
Kategorisieren 47
Kausalkette 23
Kepler 24
Kidder, Rushworth M. 60
Kirche 78
Klarheit 183
Klatsch 193
Kleinlichkeit 68
Kommunikation in Japan 129
Kommunikations-Rituale 15
Kommunikationsbarriere 132
Komplexe 165
Komplimente 176
Konditionierung 25, 129
Konfliktsituation 53
Konfrontation 167
Konkurrenz 141
„Konsens"-Denken 54
Konstruktives Feedback 176
Konsultativer Managementstil 148
Kontrollausübung 99
Kontrolle 149
Kopernikus 24
Kostenkontrolle 133
Kraft 214
Kraftfeld 216
Kreativität 98
Kritik 183
Kritikvermögen 193
Kritisieren 186
Kunde 146
Kundenorientierung 146, 147

Lebendigkeit 169
Leistungsdruck 121
Leistungssteigerung 151
Leviathan 82
Levine, Robert 129
Life Style 126
Logik 44
Lügen 43
Lust 44

Macher-Manager 29
Machiavelli, Niccolo 80
Machtphantasien 104
Machtspiel 95
Machtwünsche 98
Managementstil 142
Männliches Prinzip 92
Markt 125
Marktdiktate 28
Marktsieger 145
Masochistischer Mitarbeiter 95
Matriarchat 37
Maturana 17
Mechanistische Philosophie 81
Meinungsbildungsprozess 146
Metaebene 25
Metaphern 10
Metaphysisches Zeitalter 23
Methode der Beweisführung 44
Mienenspiel 127
Militär 95
Miller, Alice 92
Minderwertigkeitskomplexe 172
Misserfolge 167
Monokausales Denken 23
Moore, Clement C. 207
Morin, Edgar 25
Mündigkeit 99
Mythologische Vorstellung 38

Neid 186
Neo-platonische Philosophen 56
Neuplatonismus 46
Neurobiologe 17
Newton, Sir Isaac 83
Nichtakzeptanz 169

Objektivismus 22
Odysseus 39
Organisationsentwicklung 143
Orient 191
Orientierungshilfe 167

Paradigmenwechsel 31
Passives Verhalten 165
Passivität 95
Pathos 56
Patriarchat 37
Pausen 130
Persona 127
Persönliche Mythen 27
Persönlichkeit 126
Persönlichkeitsmodell 38
„Peter und Wolf"-Syndrom 66
Pflichtgefühl 63
Phantasie 10, 12
Philosophische Tyrannei 43
Physisches Auge 140
Platon 43, 74
Plotin 46
Polemik 48
Polet, Sybren 10
Preußische Erziehung 91
Privatleben 120
Produktivität 63, 133
Projektion 94, 95
Protagoras 41
Prozessabläufe 146
Pünktlichkeit 65
Pythagoras 34

Quantenphysik 16

Ratio 105, 108
Rational-Management-Methoden 28
Rationalisierungsmaßnahmen 28
Reaktionsmuster 183
Rede 100
Relevanz 209, 212
Respekt 174
Ries, Al 212
Risikobereitschaft 142
Rollenspiele 100
Routinearbeit 118

Sadist 95
Sankt Nikolaus 206
Santa Claus 207
Schattenseite 94
Schatzmann, Morten 93
Scheuklappendenken 29
Schlichtheit 66
Schmerz 99
Schöpferkraft 74
Schreber, Dr. Daniel Gottlob Moritz 92
Schrebervereine 92
Schuldbewusstsein 171
Schuldgefühle 122
Schweigen 46, 168
Seele 31
Sehen 140
Selbstbehauptung 165
Selbstbetäubung 29
Selbsterkenntnis 124
Selbstgefälligkeit 193
Selbstreflexion 92
Selbsttäuschungen 127
Selbstverantwortung 91
Selbstvertrauen 38
Selbstwert 176
Selbstwertgefühl 169
Selfmademan 79
Serviceniveau 133
Sexualität 121
Simulation 27
Simulation der Realität 27
Sinneswandel 125
Sinnlosigkeit 15
Sinnverlust 15
Smalltalk 199
Sophisten 41
Sozial-ethische Qualifikationen 148
Sparmaßnahmen 133
Speed 29
Spielen 122

Spielerisches 123
Spontaneität 65, 98
Sprach- und Denkprozess 10
Sprachdenken 10
Staatsmaschine 43
Stille 130
Stimme 14, 26
Stimmung 131
Stimmungsbarometer 199
Stimmungslage 147
Strategie 209, 212
Streitgespräch 47
Stress 65, 122
Strukturwandel 28
Subjektivismus 22
Sundblom, Haddon H. 207
Sündenbock 94
Syllogismus 44
Sympathie 199

Teamarbeit 173
Teamorientierung 145
Teamwork-Coaching 143
Timing 209, 213
Tonfall 127
Triebe 94
Tulku, Tarthang 118

Übertreibung 66
Uniformität 150
Universale Prinzipien 12
Universum 214
Unkontrolliertheit 183
Unmündigkeit 26
Unsere Sinne 27
Unterbewusstsein 10, 74, 94
Unternehmensphilosophie 123
Unternehmensstrukturen 28
Unternehmungsleitung 148
Unterschiede 63
Unterwerfung 93
Unterwürfigkeit 98
Unwahrheit 192

Vaterbild 91
Veränderungen 126
Verantwortung 101
Verantwortungsbewusstsein 145
Verbindlichkeit 175
Verhaltenskompetenz 142
Verhaltensmechanismen 99
Verhaltensreaktion 164
Verhandlungspartner 198
Verletzbarkeit 171
Vernetzte Arbeitsbereiche 146
Vernetzte Bedeutungsebene 24
Verpflichtungen 168
Verzerrung 183
Virtuelle Sprache 27
Vision 140
Visionäres Management 147
Visionsimplementierung 142
Vorbildfunktion 149
Vorstellungsbilder 164
Vorstellungskraft 17

Walk-in-your-Shoes 113
Weisheitslehre 34
Weiterbildung 125
Wertesystem 117
Wettbewerb 150
Widerstände 67
Wissen 10, 129
Wittgenstein 23
Wohlstand 132
Wohlstandsdenken 133, 138
Wut 99

Zeitvorstellung 27
Zufall 123
Zugehörigkeitsgefühl 152
Zusammengehörigkeitsgefühl 28

Erfolgsstrategien sind immer Kommunikationsstrategien

FIRST ist die Zauberformel, die Sie nur noch mit Ihrer Persönlichkeit verfeinern müssen.

Mehr über „Power Words“ oder Informationen zu Seminaren und Coaching mit Gloria M. Goldini erfahren Sie unter:

Active Communication Training for Managers
Gloria M. Goldini
40822 Mettmann-Metzkausen

Tel.: 0 21 04/95 12 48
Fax.: 0 21 04/95 12 47